El Príncipe

Escrito

por

Nicolás Maquiavelo

Publicado

por

Motmot.org

Traducción

por

Joaquín de la Sierra

Derechos de Autor

Contenido

Introducción

Nicolás Machiavelo nació en Florencia el 3 de mayo de 1469. Era el segundo hijo de Bernardo di Nicolo Machiavelli, un abogado de buena reputación, y de Bartolommea di Stefano Nelli, su esposa. Ambos padres eran miembros de la antigua nobleza florentina.

Su vida se divide naturalmente en tres periodos, cada uno de los cuales constituye singularmente una época distinta e importante en la historia de Florencia. Su juventud coincidió con la grandeza de Florencia como potencia italiana bajo la dirección de Lorenzo de Medici, Il Magnifico. La caída de los Medici en Florencia se produjo en 1494, año en el que Maquiavelo entró en la función pública. Durante su carrera oficial, Florencia estuvo libre bajo el gobierno de una República, que duró hasta 1512, cuando los Medici volvieron al poder, y Maquiavelo perdió su cargo. Los Medici volvieron a gobernar Florencia desde 1512 hasta 1527, cuando fueron de nuevo expulsados. Este fue el período de la actividad literaria y de la creciente influencia de Maquiavelo; pero murió, a las pocas semanas de la expulsión de los Medici, el 22 de junio de 1527, a sus cincuenta y ocho años, sin haber recuperado su cargo.

Juventud 1469-1494

Aunque se sabe poco de la juventud de Maquiavelo, la Florencia de aquellos días es tan conocida que la juventud de este ciudadano representativo puede ser fácilmente imaginada. Florencia ha sido descrita como una ciudad con dos corrientes de vida opuestas, una dirigida por el ferviente y austero Savonarola, la otra por el amante del esplendor Lorenzo. La influencia de Savonarola sobre el joven Maquiavelo debió de ser escasa, ya que, aunque en una época ejerció un inmenso poder sobre las fortunas de Florencia, sólo proporcionó a Maquiavelo un tema de burla en El Príncipe, donde se le cita como ejemplo de profeta desarmado que tuvo un mal final. En cambio, la magnificencia del gobierno mediceo durante la vida de Lorenzo parece haber impresionado fuertemente a Maquiavelo, ya que recurre a ella con frecuencia en sus escritos, y es al nieto de Lorenzo a quien dedica El Príncipe.

Maquiavelo, en la "Historia de Florencia", nos da una imagen de los jóvenes a los que frecuentó durante su juventud. Escribe: "Eran más libres que sus antepasados en la forma de vestir y de vivir, y gastaban más en otro tipo de excesos, consumiendo su tiempo y su dinero en la ociosidad, el juego y las mujeres; su principal objetivo era parecer bien vestidos y hablar con ingenio y agudeza, mientras que el que podía herir a los demás con más astucia era considerado el más sabio." En una carta a su hijo Guido, Maquiavelo muestra por qué la juventud debe aprovechar sus oportunidades para el estudio, y nos hace inferir que su propia juventud había estado ocupada en el estudio. Escribe: "He recibido tu carta, que me ha producido el mayor placer, sobre todo porque me dices que estás bastante restablecido en salud, lo que no podría tener mejor noticia; pues si Dios te concede la vida a ti y a mí, espero hacer de ti un buen hombre si estás dispuesto a poner de tu parte." Luego, escribiendo sobre un nuevo patrón, continúa: "Esto te saldrá bien, pero es necesario que estudies; pues, como ya no tienes la excusa de la enfermedad, esfuérzate en estudiar letras y música, pues ya ves el honor que se me hace por la poca habilidad que tengo. Por lo tanto, hijo mío, si quieres complacerme, y traer el éxito y el honor a ti mismo, haz lo correcto y estudia, porque otros te ayudarán si te ayudas a ti mismo."

Oficio 1494-1512

El segundo periodo de la vida de Maquiavelo lo pasó al servicio de la República libre de Florencia, que floreció, como ya se ha dicho, desde la expulsión de los Medici en 1494 hasta su regreso en 1512. Después de servir cuatro años en uno de los cargos públicos, fue nombrado canciller y secretario de la Segunda Cancillería, la Diez de la Libertad y la Paz. Aquí pisamos terreno firme a la hora de abordar los acontecimientos de la vida de Maquiavelo, pues durante este tiempo tomó parte destacada en los asuntos de la República, y tenemos sus decretos, actas y despachos para guiarnos, así como sus propios escritos. Una mera recapitulación de algunas de sus transacciones con los estadistas y soldados de su tiempo da una buena indicación de sus actividades, y proporciona las fuentes de las que extrajo las experiencias y los personajes que ilustran El Príncipe.

Su primera misión fue en 1499 con Catherina Sforza, "mi señora de Forli" de El Príncipe, de cuya conducta y destino extrajo la moraleja de que es mucho mejor ganarse la confianza del pueblo que apoyarse en las fortalezas. Este es un principio muy notable en Maquiavelo, y es instado por él de muchas maneras como un asunto de vital importancia para los príncipes.

En 1500 fue enviado a Francia para obtener condiciones de Luis XII para continuar la guerra contra Pisa: este rey fue quien, en su conducción de los asuntos en Italia, cometió los cinco errores capitales en el arte de gobernar resumidos en El Príncipe. También fue él quien hizo de la disolución de su matrimonio una condición para apoyar al Papa Alejandro VI.

La vida pública de Maquiavelo se ocupó en gran medida de los acontecimientos derivados de las ambiciones del papa Alejandro VI y de su hijo, César Borgia, el duque Valentino, y estos personajes llenan un amplio espacio de El Príncipe. Maquiavelo no duda en citar las acciones del duque en beneficio de los usurpadores que desean conservar los estados de los que se han apoderado; de hecho, no encuentra ningún precepto que ofrecer tan bueno como el modelo de conducta de César Borgia, hasta el punto de que César es aclamado por algunos críticos como el "héroe" de El Príncipe. Sin embargo, en El Príncipe el duque es citado de hecho como un tipo del hombre que se eleva sobre la fortuna de los demás, y cae con ellos; que toma todos los cursos que cabría esperar de un hombre prudente menos el curso que le salvará; que está preparado para todas las eventualidades menos la que sucede; y que, cuando todas sus habilidades no le llevan a buen puerto, exclama que no ha sido culpa suya, sino una extraordinaria e imprevista fatalidad.

A la muerte de Pío III, en 1503, Maquiavelo fue enviado a Roma para presenciar la elección de su sucesor, y allí vio cómo César Borgia era engañado para permitir que la elección del Colegio recayera en Giuliano delle Rovere (Julio II), que era uno de los cardenales que más razones tenía para temer al duque. Maquiavelo, al comentar esta elección, dice que quien piensa que los nuevos favores harán que los grandes personajes olviden las viejas heridas se engaña a sí mismo. Julio II no descansó hasta haber arruinado a César.

Fue a Julio II a quien Maquiavelo fue enviado en 1506, cuando ese pontífice iniciaba su empresa contra Bolonia, que llevó a buen puerto, como muchas de sus otras aventuras, debido sobre todo a su carácter impetuoso. Es en referencia al Papa Julio que Maquiavelo moraliza sobre la semejanza entre la Fortuna y las mujeres, y concluye que es el hombre audaz más que el cauto el que ganará y mantendrá a ambas.

Es imposible seguir aquí las diversas fortunas de los estados italianos, que en 1507 estaban controlados por Francia, España y Alemania, con resultados que han perdurado hasta nuestros días; nos ocupamos de esos acontecimientos, y de los tres grandes actores en ellos, sólo en la medida en que inciden en la personalidad de Maquiavelo. Tuvo varios encuentros con Luis XII de Francia, y ya se ha aludido a su estimación del carácter de ese monarca. Maquiavelo ha pintado a Fernando de Aragón como el hombre que realizó grandes cosas bajo el manto de la religión, pero que en realidad no tenía piedad, ni fe, ni humanidad, ni integridad; y que, de haberse dejado influir por tales motivos, se habría arruinado. El emperador Maximiliano fue uno de los hombres más interesantes de la época, y su carácter ha sido dibujado por muchas manos; pero Maquiavelo, que fue enviado a su corte en 1507-8, revela el secreto de sus muchos fracasos cuando lo describe como un hombre reservado, sin fuerza de carácter, que ignoraba las agencias humanas necesarias para llevar a cabo sus planes, y que nunca insistió en el cumplimiento de sus deseos.

Los años restantes de la carrera oficial de Maquiavelo estuvieron llenos de acontecimientos derivados de la Liga de Cambrai, hecha en 1508 entre las tres grandes potencias europeas ya mencionadas y el papa, con el objetivo de aplastar a la República de Venecia. Este resultado se alcanzó en la batalla de Agnadello, cuando Venecia perdió en un día todo lo que había ganado en ochocientos años. Florencia tuvo un papel difícil durante estos acontecimientos, complicados como estaban por la disputa que estalló entre el papa y los franceses, porque la amistad con Francia había dictado toda la política de la República. Cuando, en 1511, Julio II formó finalmente la Santa Liga contra Francia, y con la ayuda de los suizos expulsó a los franceses de Italia, Florencia quedó a merced del Papa, y tuvo que someterse a sus condiciones, una de las cuales era que los Medici fueran restaurados. El regreso de los Medici a Florencia el 1 de septiembre de 1512, y la consiguiente caída de la República, fue la señal para la destitución de Maquiavelo y sus amigos, y puso así fin a su carrera pública, ya que, como hemos visto, murió sin recuperar su cargo.

Literatura y Muerte 1512-1527

A la vuelta de los Médicis, Maquiavelo, que durante unas semanas había tenido la vana esperanza de conservar su cargo bajo los nuevos amos de Florencia, fue destituido por decreto del 7 de noviembre de 1512. Poco después fue acusado de complicidad en una conspiración frustrada contra los Medici, encarcelado y sometido a tortura. El nuevo papa mediceo, León X, consiguió su liberación, y se retiró a su pequeña propiedad de San Casciano, cerca de Florencia, donde se dedicó a la literatura. En una carta a Francesco Vettori, fechada el 13 de diciembre de 1513, ha dejado una descripción muy interesante de su vida en esta época, que aclara sus métodos y sus motivos para escribir El Príncipe. Tras describir sus ocupaciones diarias con su familia y sus vecinos, escribe "Llegada la noche, vuelvo a casa y me dirijo a mi estudio; a la entrada me quito mis ropas de campesino, cubiertas de polvo y suciedad, y me pongo mi noble traje de corte, y así, bien vestido, paso a los antiguos patios de los hombres de antaño, donde, siendo recibido cariñosamente por ellos, me alimentan con esa comida que es sólo mía; donde no dudo en hablar con ellos, y preguntar por la razón de sus acciones, y ellos en su benignidad me responden; y durante cuatro horas no siento cansancio, olvido todos los problemas, la pobreza no me consterna, la muerte no me aterroriza; estoy poseído enteramente por esos grandes hombres. Y como dice Dante:

> El conocimiento viene del aprendizaje bien retenido,
>
> Completamente inservible de otro modo.

He anotado lo que he obtenido de su conversación, y he compuesto una pequeña obra sobre los "Principados", en la que me derramo tan plenamente como puedo en la meditación sobre el tema, discutiendo lo que es un principado, qué clases hay, cómo pueden adquirirse, cómo pueden conservarse, por qué se pierden: y si alguna de mis fantasías le ha gustado alguna vez, esto no debería desagradarle: y para un príncipe, especialmente para uno nuevo, debería ser bienvenido: por lo tanto lo dedico a su Magnificencia Giuliano. Filippo Casavecchio lo ha visto; él podrá contarle lo que contiene, y de las conversaciones que he tenido con él; sin embargo, todavía lo estoy enriqueciendo y puliendo."

El "librito" sufrió muchas vicisitudes antes de alcanzar la forma en la que ha llegado hasta nosotros. Varias influencias mentales actuaron durante su composición; su título y su patrón fueron cambiados; y por alguna razón desconocida fue finalmente dedicado a Lorenzo de' Medici. Aunque Maquiavelo discutió con Casavecchio si debía enviarlo o presentarlo en persona al mecenas, no hay pruebas de que Lorenzo lo recibiera o siquiera lo leyera: ciertamente nunca le dio empleo a Maquiavelo. Aunque fue plagiado en vida de Maquiavelo, El Príncipe nunca fue publicado por él, y su texto sigue siendo discutible.

Maquiavelo concluye su carta a Vettori así "Y en cuanto a esta pequeña cosa [su libro], cuando se haya leído se verá que durante los quince años que he dedicado al estudio del arte del Estado no he dormido ni he estado ocioso; y los hombres deberían desear siempre ser servidos por alguien que ha cosechado experiencia a costa de otros. Y de mi lealtad nadie podría dudar, porque habiendo mantenido siempre la fe no podría ahora aprender a romperla; porque quien ha sido fiel y honesto, como yo, no puede cambiar su naturaleza; y mi pobreza es testigo de mi honestidad."

Antes de que Maquiavelo terminara de escribir El Príncipe, comenzó su "Discurso sobre la primera década de Tito Livio", que recomienda leerse al mismo tiempo que El Príncipe. Estos y varios trabajos menores le ocuparon hasta el año 1518, cuando aceptó un pequeño encargo para ocuparse de los asuntos de algunos comerciantes florentinos en Génova. En 1519, los gobernantes mediceos de Florencia otorgaron algunas concesiones políticas a sus ciudadanos, y Maquiavelo, junto con otros, fue consultado sobre una nueva constitución bajo la cual debía restablecerse el Gran Consejo; pero por uno u otro pretexto no fue promulgada.

En 1520 los mercaderes florentinos volvieron a recurrir a Maquiavelo para resolver sus dificultades con Lucca, pero este año fue principalmente notable por su reingreso en la sociedad literaria florentina, donde era muy solicitado, y también por la producción de su "Arte de la Guerra". Fue en ese mismo año cuando recibió un encargo a instancias del cardenal de' Medici para escribir la "Historia de Florencia", tarea que le ocupó hasta 1525. Su regreso al favor popular puede haber determinado a los Medici a darle este empleo, ya que un viejo escritor observa que "un hábil estadista sin trabajo, como una enorme ballena, se esforzará por volcar el barco a menos que tenga un barril vacío con el que jugar".

Cuando la "Historia de Florencia" estuvo terminada, Maquiavelo la llevó a Roma para presentársela a su mecenas, Giuliano de' Medici, que entretanto se había convertido en papa con el título de Clemente VII. Resulta un tanto llamativo que, así como en 1513 Maquiavelo había escrito El Príncipe para instruir a los Médicis cuando acababan de recuperar el poder en Florencia, en 1525 dedicara la "Historia de Florencia" al jefe de la familia cuando su ruina estaba ya próxima. En ese año, la batalla de Pavía destruyó el dominio francés en Italia y dejó a Francisco I prisionero en manos de su gran rival, Carlos V. A esto le siguió el saqueo de Roma, ante cuya noticia el partido popular de Florencia se deshizo del yugo de los Médicis, que volvieron a ser desterrados.

Maquiavelo estaba ausente de Florencia en ese momento, pero se apresuró a regresar, con la esperanza de asegurar su antiguo cargo de secretario de los "Diez de la Libertad y la Paz". Desgraciadamente cayó enfermo poco después de llegar a Florencia, donde murió el 22 de junio de 1527.

Las Obras de Nicolás Maquiavelo

Nadie puede decir dónde descansan los huesos de Maquiavelo, pero la Florencia moderna le ha decretado un cenotafio majestuoso en la Basílica de Santa Croce, al lado de sus hijos más famosos; reconociendo que, sea lo que sea lo que otras naciones hayan encontrado en sus obras, Italia encontró en ellas la idea de su unidad y los gérmenes de su renacimiento entre las naciones de Europa. Si bien es ocioso protestar contra la significación mundial y maligna de su nombre, puede señalarse que la dura construcción de su doctrina que implica esta siniestra reputación era desconocida en su propia época, y que las investigaciones de los últimos tiempos nos han permitido interpretarlo más razonablemente. Se debe a estas indagaciones que la figura de "nigromante impío", que durante tanto tiempo rondó la visión de los hombres, ha comenzado a desvanecerse.

Maquiavelo fue, sin duda, un hombre de gran observación, agudeza e industria; observaba con ojo apreciativo todo lo que pasaba ante él, y con su supremo don literario lo ponía en práctica en su forzado retiro de los asuntos. No se presenta, ni es descrito por sus contemporáneos, como un tipo de esa rara combinación, el estadista y el autor de éxito, pues parece haber sido sólo moderadamente próspero en sus diversas embajadas y empleos políticos. Fue engañado por Catalina Sforza, ignorado por Luis XII, sobrecogido por César Borgia; varias de sus embajadas fueron bastante estériles en cuanto a resultados; sus intentos de fortificar Florencia fracasaron, y los soldados que entrenó asombró a todos por su cobardía. En la conducción de sus propios asuntos fue tímido y servicial; no se atrevió a aparecer al lado de Soderini, a quien tanto le debía, por miedo a comprometerse; su conexión con los Medici estaba abierta a la sospecha, y Giuliano parece haber reconocido su verdadero fuerte cuando lo puso a escribir la "Historia de Florencia", en lugar de emplearlo en el estado. Y es en el lado literario de su carácter, y sólo ahí, donde no encontramos ninguna debilidad ni ningún fracaso.

Aunque la luz de casi cuatro siglos se ha centrado en El Príncipe, sus problemas siguen siendo discutibles e interesantes, porque son los eternos problemas entre los gobernados y sus gobernantes. Tal como son, su ética es la de los contemporáneos de Maquiavelo; sin embargo, no puede decirse que esté desfasada mientras los gobiernos de Europa se apoyen en las fuerzas materiales y no en las morales. Sus incidentes y personajes históricos adquieren interés por el uso que Maquiavelo hace de ellos para ilustrar sus teorías de gobierno y conducta.

Dejando de lado las máximas de Estado que todavía proporcionan principios de acción a algunos estadistas europeos y orientales, El Príncipe está plagado de verdades que se pueden demostrar a cada paso. Los hombres siguen siendo los embaucadores de su simplicidad y codicia, como lo fueron en los días de Alejandro VI. El manto de la religión sigue ocultando los vicios que Maquiavelo puso al descubierto en el personaje de Fernando de Aragón. Los hombres no miran las cosas como realmente son, sino como desean que sean, y se arruinan. En política no hay cursos perfectamente seguros; la prudencia consiste en elegir los menos peligrosos. Luego, para pasar a un plano superior, Maquiavelo reitera que, aunque los crímenes pueden ganar un imperio, no ganan la gloria. Las guerras necesarias son guerras justas, y las armas de una nación son sagradas cuando no tiene otro recurso que luchar.

Es el clamor de una época muy posterior a la de Maquiavelo que el gobierno se eleve a una fuerza moral viva, capaz de inspirar al pueblo con un justo reconocimiento de los principios fundamentales de la sociedad; a este "alto argumento" El Príncipe no contribuye más que poco. Maquiavelo siempre se negó a escribir sobre los hombres o los gobiernos de otra manera que no fuera como los encontró, y escribe con tal habilidad y perspicacia que su obra tiene un valor permanente. Pero lo que inviste a El Príncipe de algo más que de un interés meramente artístico o histórico es la verdad incontrovertible de que trata de los grandes principios que todavía guían a las naciones y a los gobernantes en su relación entre sí y con sus vecinos.

Al traducir El Príncipe, mi objetivo ha sido conseguir a toda costa una interpretación literal exacta del original, más que una paráfrasis fluida adaptada a las nociones modernas de estilo y expresión. Maquiavelo no era un frasista fácil; las condiciones en las que escribía le obligaban a sopesar cada palabra; sus temas eran elevados, su sustancia grave, su manera noblemente sencilla y seria.

En El Príncipe, puede decirse realmente, hay una razón asignable, no sólo para cada palabra, sino para la posición de cada palabra.

Para un inglés de la época de Shakespeare, la traducción de un tratado de este tipo era en cierto modo una tarea comparativamente fácil, ya que en aquellos tiempos la escritura del inglés se parecía más al de la lengua italiana; para el inglés de hoy en día no es tan sencillo. Por poner un solo ejemplo: la palabra intrattenere, empleada por Maquiavelo para indicar la política adoptada por el Senado romano hacia los estados más débiles de Grecia, sería traducida correctamente por un isabelino como "entretener", y todo lector contemporáneo entendería lo que se quería decir con que "Roma entretuvo a los Ætolios y a los Aqueos sin aumentar su poder". Pero hoy en día tal frase parecería obsoleta y ambigua, si no carente de significado: nos vemos obligados a decir que "Roma mantuvo relaciones amistosas con los Ætolios", etc., utilizando cuatro palabras para hacer el trabajo de una. He tratado de conservar la concisa brevedad del italiano en la medida en que fuera compatible con una absoluta fidelidad al sentido. Si el resultado es una aspereza ocasional, sólo puedo esperar que el lector, en su afán por alcanzar el sentido del autor, pase por alto la aspereza del camino que le lleva a él.

Obras de Maquiavelo

A continuación, encontrarás una lista con las obras de Maquiavelo.

Obras políticas e históricas

La traducción de 1573 de El arte de la guerra de Peter Withorne

Discurso sobre las cosas de Pisa (1499)

Del modo de tratar los pueblos de la Valdichiana ribellati (1502)

Descrizione del modo tenuto dal Duca Valentino nello ammazzare Vitellozzo Vitelli, Oliverotto da Fermo, il Signor Pagolo e il duca di Gravina Orsini (1502) - Descripción de los métodos adoptados por el duque Valentino al asesinar a Vitellozzo Vitelli, Oliverotto da Fermo, el Signor Pagolo y el duque de Gravina Orsini

Discorso sopra la provisione del danaro (1502) - Un discurso sobre la provisión de dinero.

Retrato de los asuntos de Francia (1510) - Retrato de los asuntos de Francia.

Ritracto delle cose della Magna (1508-1512) - Retrato de los asuntos de Alemania.

El Príncipe (1513)

Discursos sobre Livio (1517)

Dell'Arte della Guerra (1519-1520) - El arte de la guerra, alta ciencia militar.

Discorso sopra il riformare lo stato di Firenze (1520) - Discurso sobre la reforma de Florencia.

Sommario delle cose della città di Lucca (1520) - Resumen de los asuntos de la ciudad de Lucca.

La vida de Castruccio Castracani de Lucca (1520) - Vita di Castruccio Castracani da Lucca, una breve biografía.

Istorie Fiorentine (1520-1525) - Historias florentinas, una historia en ocho volúmenes de la ciudad-estado de Florencia, encargada por Giulio de' Medici, más tarde Papa Clemente VII.

Obras de ficción

Además de estadista y politólogo, Maquiavelo también tradujo obras clásicas y fue dramaturgo (Clizia, Mandragola), poeta (Sonetti, Canzoni, Ottave, Canti carnascialeschi) y novelista (Belfagor arcidiavolo).

Algunas de sus obras de ficción:

Decennale primo (1506) - un poema en terza rima.

Decennale secondo (1509) - un poema.

Andria o La chica de Andros (1517) - una comedia semiautobiográfica, adaptada de Terencio.

Mandragola (1518) - La mandrágora - una comedia en prosa en cinco actos, con un prólogo en verso.

Clizia (1525) - una comedia en prosa.

Belfagor arcidiavolo (1515) - una novela.

Asino d'oro (1517) - El asno de oro es un poema en terza rima, una nueva versión de la obra clásica de Apuleyo.

Frammenti storici (1525) - fragmentos de cuentos.

Por último, Della Lingua (en italiano, "Sobre la lengua") (1514), un diálogo sobre la lengua de Italia se atribuye comumente a Maquiavelo.

La Influencia Moderna de Nicolás Maquiavelo

En el teatro renacentista inglés (isabelino y jacobino), el término "Maquiavelo" se utilizaba para un antagonista de cepa que recurría a medios despiadados para preservar el poder del Estado, y ahora se considera un sinónimo de "maquiavélico".

La obra de Christopher Marlowe El judío de Malta (escrito en 1589) contiene un prólogo de un personaje llamado Maquiavelo, un fantasma senequista basado en Maquiavelo. Maquiavelo expresa la opinión cínica de que el poder es amoral, diciendo: "No considero la religión más que un juguete infantil, y sostengo que no hay más pecado que la ignorancia."

El último libro de Somerset Maugham, Then and Now, ficcionaliza las interacciones de Maquiavelo con César Borgia, que constituyeron la base de El Príncipe.

Nicolás Maquiavelo desempeña un papel vital en la serie de libros para jóvenes adultos Los secretos del inmortal Nicolás Flamel, de Michael Scott, un inmortal que trabaja en la seguridad nacional para el gobierno francés.

Nicolás Maquiavelo ayuda a César Borgia y al protagonista Nicolás Dawson en sus peligrosas intrigas en la novela histórica de 1979 Ciudad de Dios, de Cecelia Holland. David Maclaine escribe que en la novela, Maquiavelo "es una presencia fuera de escena cuyo espíritu impregna esta obra de intriga y traición... Es una brillante introducción a la gente y a los acontecimientos que nos dieron la palabra 'maquiavélico'" Maquiavelo aparece como un adversario inmortal de Duncan MacLeod en la novela Highlander de Nancy Holder de 1997, La medida de un hombre, y es un personaje de la serie de novelas de Michael Scott Los secretos del inmortal Nicolás Flamel (2007-2012). Maquiavelo es también uno de los personajes principales de La hechicera de

Florencia (2008) de Salman Rushdie, al que se refiere principalmente como "Niccolò 'il Macchia", y el protagonista central de la novela de 2012 La malicia de la fortuna de Michael Ennis.

Los dramas televisivos centrados en los inicios del Renacimiento también han recurrido a Maquiavelo para subrayar su influencia en la filosofía política de la primera época moderna. Maquiavelo ha aparecido como personaje secundario en Los Tudor (2007-2010), Borgia (2011-2014) y Los Borgia (2011-2013), y la miniserie de la BBC de 1981 Los Borgia.

Maquiavelo aparece en los populares videojuegos históricos Assassin's Creed II (2009) y Assassin's Creed: Brotherhood (2010), en los que aparece como miembro de la sociedad secreta de los Asesinos.

Una versión muy ficcionalizada de Maquiavelo aparece en la serie de televisión infantil de la BBC Leonardo (2011-2012), en la que es "Mac", un negro buscavidas callejero que es el mejor amigo de sus compañeros adolescentes Leonardo da Vinci, Mona Lisa y Lorenzo di Medici. En el episodio de 2013 "¡Ewings Unite!" de la serie de televisión Dallas, el legendario barón del petróleo J. R. Ewing lega su copia de El Príncipe a su sobrino adoptivo Christopher Ewing, diciéndole que "lo use, porque ser inteligente y astuto es una combinación imbatible". En Da Vinci's Demons (2013-2015) -una serie dramática de fantasía histórica estadounidense que presenta un relato ficticio de los primeros años de vida de Leonardo da Vinci- Eros Vlahos interpreta a un joven Niccolò "Nico" Machiavelli, aunque el nombre completo del personaje no se revela hasta el final de la segunda temporada.

El episodio de El túnel del tiempo de 1967 "El mercader de la muerte" está protagonizado por el actor Malachi Throne como Niccolò Machiavelli, que ha sido desplazado en el tiempo a la batalla de Gettysburg. La personalidad y el comportamiento del personaje parecen representar a César Borgia más que al propio

Maquiavelo, lo que sugiere que los guionistas pueden haber confundido a ambos.

Maquiavelo es interpretado por Damian Lewis en la obra radiofónica de la BBC de 2013 El Príncipe, escrita por Jonathan Myerson. Junto con su abogada defensora, Lucrecia Borgia (Helen McCrory), presenta ejemplos de la historia al diablo para apoyar sus teorías políticas y apelar su sentencia en el infierno.

La novela histórica La ciudad del hombre (2009), del autor Michael Harrington, retrata plenamente las complejas personalidades de los dos personajes principales -Girolamo Savonarola y un formador Nicolás Maquiavelo- enfrentados durante la turbulenta última década de la Florencia del siglo XV. El retrato de Maquiavelo se basa en sus escritos posteriores y en las observaciones de los caóticos acontecimientos de su juventud antes de salir de la oscuridad para ser nombrado Segundo Canciller de la República Florentina a la edad de veintinueve años, sólo un mes después de la ejecución de Savonarola. Entre los principales personajes se encuentran Lorenzo de' Medici, su hijo Piero, Miguel Ángel, Sandro Botticelli, Pico della Mirandola, Marsilio Ficino, el Papa Alejandro VI (Rodrigo Borgia), César Borgia (modelo para El Príncipe), Piero y Tommaso Soderini, Il Cronaca y el diarista, Luca Landucci.

En el drama policíaco de 1993 Un cuento del Bronx, el jefe de la mafia local, Sonny, le cuenta a su joven protegido Calogero que mientras cumplía una condena de 10 años en la cárcel, pasaba el tiempo y se mantenía alejado de los problemas leyendo a Maquiavelo, a quien describe como "un famoso escritor de hace 500 años". A continuación, le cuenta cómo la filosofía de Maquiavelo, incluidos sus famosos consejos sobre que es preferible que un líder sea temido que amado si no puede ser ambas cosas, le han convertido en un exitoso jefe de la mafia.

Maquiavelo también aparece como un joven espía florentino en la tercera temporada de Medici, donde es interpretado por Vincenzo Crea. Se dirige a él como "Nico" en todas las apariciones excepto en el final de temporada, donde revela su nombre completo.

Dedicación

Al magnífico Lorenzo Di Piero De' Medici

Aquellos que se esfuerzan por obtener las buenas gracias de un príncipe acostumbran a presentarse ante él con las cosas que tienen más preciadas, o en las que ven que se deleita más; de ahí que a menudo se vean caballos, armas, telas de oro, piedras preciosas y ornamentos similares presentados a los príncipes, dignos de su grandeza.

Deseando, por tanto, presentarme ante su Magnificencia con algún testimonio de mi devoción hacia usted, no he encontrado entre mis posesiones nada que aprecie más o valore tanto como el conocimiento de las acciones de los grandes hombres, adquirido por una larga experiencia en los asuntos contemporáneos, y un continuo estudio de la antigüedad; que, habiendo reflexionado sobre ello con gran y prolongada diligencia, envío ahora, digerido en un pequeño volumen, a su Magnificencia.

Y aunque pueda considerar este trabajo indigno de su beneplácito, sin embargo confío mucho en su benignidad para que sea aceptable, ya que no me es posible hacer un mejor regalo que ofrecerle la oportunidad de comprender en el menor tiempo posible todo lo que he aprendido en tantos años, y con tantos sinsabores y peligros; cuya obra no he embellecido con palabras hinchadas o magníficas, ni he rellenado con períodos redondos, ni con ningún aliciente o adorno extrínseco, con el que tantos acostumbran a embellecer sus obras; pues he deseado que no se le haga ningún honor, o bien que la verdad del asunto y la ponderación del tema la hagan aceptable.

Tampoco estoy de acuerdo con los que consideran una presunción que un hombre de condición baja y humilde se atreva a discutir y resolver los asuntos de los príncipes; porque, al igual que los que dibujan paisajes se sitúan abajo, en la llanura, para contemplar la naturaleza de las montañas y de los lugares elevados, y para contemplar las llanuras se sitúan en las altas montañas, así también para entender la naturaleza del pueblo se necesita ser príncipe, y para entender la de los príncipes se necesita ser del pueblo.

Tome, pues, su Magnificencia, este pequeño regalo en el espíritu en que se lo envío; en el que, si es leído y considerado diligentemente por usted, aprenderá mi extremo deseo que alcance esa grandeza que la fortuna y sus otros atributos prometen. Y si tu Magnificencia desde la cima de tu grandeza vuelve a veces tus ojos a estas regiones inferiores, verás cómo inmerecidamente sufro una gran y continuada malignidad de la fortuna.

El Príncipe

Clases de Principados y Métodos para su Obtención

Todos los estados, todos los poderes, que han tenido y tienen dominio sobre los hombres han sido y son o bien repúblicas o bien principados.

Los principados son o bien hereditarios, en los que la familia ha estado establecida durante mucho tiempo; o bien son nuevos.

Los nuevos son o bien enteramente nuevos, como lo fue Milán para Francesco Sforza, o bien son, por así decirlo, miembros anexos al estado hereditario del príncipe que los ha adquirido, como lo fue el reino de Nápoles para el del rey de España.

Estos dominios así adquiridos están acostumbrados a vivir bajo un príncipe, o a vivir en libertad; y se adquieren bien por las armas del propio príncipe, o de otros, o bien por la fortuna o por la habilidad.

Sobre los Principados Hereditarios

Dejaré de lado toda discusión sobre las repúblicas, ya que en otro lugar he escrito sobre ellas extensamente, y me dirigiré únicamente a los principados. Al hacerlo, me ceñiré al orden indicado anteriormente, y discutiré cómo deben gobernarse y conservarse dichos principados.

Digo de una vez que hay menos dificultades para mantener los estados hereditarios, y los acostumbrados desde hace mucho tiempo a la familia de su príncipe, que los nuevos; pues sólo basta con no transgredir las costumbres de sus antepasados, y tratar con prudencia las circunstancias que se presenten, para que un príncipe de poderes medios se mantenga en su estado, a menos que se le prive de él por alguna fuerza extraordinaria y excesiva; y si se le priva de él, siempre que le ocurra algo siniestro al usurpador, lo recuperará.

Tenemos en Italia, por ejemplo, al duque de Ferrara, que no habría podido resistir los ataques de los venecianos en el 84, ni los del papa Julio en el 10, si no hubiera estado establecido durante mucho tiempo en sus dominios. Porque el príncipe hereditario tiene menos causas y menos necesidad de ofender; por lo tanto, sucede que será más amado; y a menos que los vicios extraordinarios hagan que sea odiado, es razonable esperar que sus súbditos estén naturalmente bien dispuestos hacia él; y en la antigüedad y la duración de su gobierno se pierden los recuerdos y los motivos que hacen que se produzcan cambios, ya que un cambio siempre deja los dientes para otro.

Sobre los Principados Mixtos

Pero las dificultades se presentan en un nuevo principado. Y, en primer lugar, si no es enteramente nuevo, sino que es, por así decirlo, un miembro de un estado que, tomado colectivamente, puede llamarse compuesto, los cambios surgen principalmente de una dificultad inherente que hay en todos los principados nuevos; porque los hombres cambian de gobernantes de buena gana, esperando mejorar, y esta esperanza los induce a tomar las armas contra el que gobierna: en lo cual se engañan, porque después descubren por experiencia que han ido de mal en peor. Esto sigue también a otra necesidad natural y común, que siempre hace que un nuevo príncipe cargue a los que se han sometido a él con su soldadesca y con otras infinitas penalidades que debe imponer a su nueva adquisición.

De este modo, tiene enemigos en todos aquellos a los que ha perjudicado al apoderarse de ese principado, y no es capaz de mantener a los amigos que le pusieron allí por no poder satisfacerlos de la manera que esperaban, y no puede tomar medidas fuertes contra ellos, sintiéndose ligado a ellos. Porque, aunque uno sea muy fuerte en las fuerzas armadas, al entrar en una provincia siempre tiene necesidad de la buena voluntad de los nativos.

Por estas razones, Luis el Duodécimo, rey de Francia, ocupó rápidamente Milán, y con la misma rapidez la perdió; y para echarlo la primera vez sólo se necesitaron las propias fuerzas de Lodovico; porque los que le habían abierto las puertas, al verse engañados en sus esperanzas de futuro beneficio, no quisieron soportar los malos tratos del nuevo príncipe. Es muy cierto que, después de adquirir provincias rebeldes por segunda vez, no se pierden con tanta ligereza después, porque el príncipe, con poca reticencia, aprovecha la oportunidad de la rebelión para castigar a los delincuentes, despejar a los sospechosos y reforzarse en los lugares más débiles. Así, para hacer que Francia perdiera Milán la primera vez bastó con que el duque Lodovico[1] suscitara insurrecciones en las fronteras; pero para hacer que la perdiera por segunda vez fue necesario poner a todo el mundo en su contra, y que sus ejércitos fueran derrotados y expulsados de Italia; lo que se produjo por las causas antes mencionadas.

Sin embargo, Milán fue arrebatada a Francia tanto la primera como la segunda vez. Las razones generales de la primera han sido discutidas; queda por nombrar las de la segunda, y ver qué recursos tenía, y qué habría tenido cualquiera en su situación para mantenerse más seguro en su adquisición que el rey de Francia.

Ahora bien, digo que los dominios que, cuando se adquieren, se añaden a un estado antiguo por parte de quien los adquiere, o son del mismo país y lengua, o no lo son. Cuando lo son, es más fácil mantenerlos, especialmente cuando no han estado acostumbrados al autogobierno; y para mantenerlos con seguridad basta con haber destruido la familia del príncipe que los gobernaba; porque los dos pueblos, conservando en otras cosas las antiguas condiciones, y no siendo diferentes en las costumbres, vivirán tranquilamente juntos, como se ha visto en Bretaña, Borgoña, Gascuña y Normandía, que han estado ligados a Francia durante tanto tiempo: y, aunque haya alguna diferencia de idioma, sin embargo las costumbres son parecidas, y la gente podrá llevarse fácilmente entre sí. Aquel que se los haya anexionado, si desea mantenerlos, sólo debe tener en cuenta dos consideraciones: la primera, que la familia de su antiguo señor se extingue; la otra, que no se alteran ni sus leyes ni sus impuestos, por lo que en muy poco tiempo se convertirán totalmente en un solo cuerpo con el antiguo principado.

Pero cuando se adquieren estados en un país que difiere en cuanto a la lengua, las costumbres o las leyes, hay dificultades, y se necesita buena fortuna y gran energía para mantenerlos, y una de las mayores y más reales ayudas sería que el que los ha adquirido fuera a residir allí. Esto haría su posición más segura y duradera, como ha hecho la del turco en Grecia, que, a pesar de todas las demás medidas que ha tomado para mantener ese estado, si no se hubiera establecido allí, no habría podido conservarlo. Porque, si uno está en el lugar, los desórdenes se ven a medida que surgen, y uno puede remediarlos rápidamente; pero si uno no está a mano, sólo se oye hablar de ellos cuando son grandes, y entonces ya no se puede remediar. Además de esto, el país no es saqueado por sus funcionarios; los súbditos se sienten satisfechos recurriendo rápidamente al príncipe; así, deseando ser buenos, tienen más motivos para amarlo, y deseando ser de otro modo, para temerlo. El que quiera atacar ese estado desde el exterior debe tener la máxima precaución; mientras el príncipe resida allí sólo se le puede arrebatar con la mayor dificultad.

El otro y mejor camino es enviar colonias a uno o dos lugares, que pueden ser como llaves de ese estado, pues es necesario o bien hacer esto o bien mantener allí un gran número de caballería e infantería. Un príncipe no gasta mucho en colonias, ya que con poco o ningún gasto puede enviarlas y mantenerlas allí, y sólo ofende a una minoría de ciudadanos a los que quita tierras y casas para dárselas a los nuevos habitantes; y aquellos a los que ofende, al permanecer pobres y dispersos, nunca son capaces de perjudicarle; mientras que el resto, al no ser perjudicado, se mantiene fácilmente tranquilo, y al mismo tiempo está ansioso por no equivocarse por temor a que les ocurra lo mismo que a los que han sido despojados. En conclusión, digo que estas colonias no son costosas, son más fieles, hieren menos, y los heridos, como se ha dicho, al ser pobres y estar dispersos, no pueden hacer daño. Sobre esto, hay que señalar que los hombres deben ser bien tratados o aplastados, porque pueden vengarse de las heridas más ligeras, de las más graves no pueden; por lo tanto, la herida que se le haga a un hombre debe ser de tal tipo que no se tema la venganza.

Pero al mantener allí hombres armados en lugar de colonias se gasta mucho más, al tener que consumir en la guarnición todos los ingresos del estado, de modo que la adquisición se convierte en una pérdida, y muchos más se exasperan, porque todo el estado se ve perjudicado; por el desplazamiento de la guarnición de un lado a otro todos se familiarizan con las penurias, y todos se vuelven hostiles, y son enemigos que, aunque sean derrotados en su propio terreno, son capaces de hacer daño. Por lo tanto, por todas las razones, tales guardias son tan inútiles como útil es una colonia.

Además, el príncipe que posea un país que difiera en los aspectos mencionados, debe convertirse en el jefe y defensor de sus vecinos menos poderosos, y debilitar a los más poderosos entre ellos, cuidando de que ningún extranjero tan poderoso como él pueda, por cualquier accidente, poner un pie allí; porque siempre ocurrirá que uno así será introducido por los descontentos, ya sea por exceso de ambición o por miedo, como ya se ha visto. Los romanos fueron introducidos en Grecia por los etolios; y en todos los demás países en los que consiguieron afianzarse fueron introducidos por los habitantes. Y el curso habitual de los asuntos es que, en cuanto un extranjero poderoso entra en un país, todos los estados súbditos se sienten atraídos por él, movidos por el odio que sienten contra el poder gobernante. De modo que, con respecto a esos estados súbditos, no tiene que tomarse ninguna molestia para ganárselos para sí, ya que todos ellos se unen rápidamente al estado que ha adquirido allí. Sólo tiene que cuidar de que no obtengan demasiado poder y demasiada autoridad, y entonces con sus propias fuerzas, y con la buena voluntad de ellos, puede mantener fácilmente a los más poderosos, para seguir siendo enteramente dueño del país. Y el que no gestione adecuadamente este asunto perderá pronto lo que ha adquirido, y mientras lo mantenga tendrá un sinfín de dificultades y problemas.

Los romanos, en los países que anexaron, observaron estrechamente estas medidas; enviaron colonias y mantuvieron relaciones amistosas con[2] las potencias menores, sin aumentar su fuerza; mantuvieron a raya a las mayores, y no permitieron que ninguna potencia extranjera fuerte ganara autoridad. Grecia me parece suficiente como ejemplo. Mantuvieron la amistad con los aqueos y los etolios, humillaron al reino de Macedonia, expulsaron a Antíoco; sin embargo, los méritos de los aqueos y los etolios nunca les aseguraron el permiso para aumentar su poder, ni las persuasiones de Filipo indujeron nunca a los romanos a ser sus amigos sin humillarlo primero, ni la influencia de Antíoco les hizo aceptar que conservara ningún señorío sobre el país. Porque los romanos hicieron en estos casos lo que deben hacer todos los príncipes prudentes, que deben considerar no sólo los problemas presentes, sino también los futuros, para los que deben prepararse con toda la energía, porque, cuando se prevén, es fácil remediarlos; pero si se espera a que se acerquen, la medicina ya no llega a tiempo porque el mal se ha vuelto incurable; pues ocurre en esto, como dicen los médicos que ocurre en la fiebre héctica, que al principio del mal es fácil de curar pero difícil de detectar, pero con el paso del tiempo, al no haber sido detectado ni tratado al principio, se vuelve fácil de detectar pero difícil de curar. Así sucede en los asuntos de Estado, pues cuando los males que surgen han sido previstos (lo que sólo le es dado ver a un hombre sabio), pueden ser rápidamente remediados, pero cuando, por no haber sido previstos, se ha permitido que crezcan de manera que todo el mundo pueda verlos, ya no hay remedio. Por eso, los romanos, previendo los problemas, se ocuparon de ellos de inmediato, e incluso para evitar una guerra, no dejaron que llegaran a un punto crítico, pues sabían que la guerra no se puede evitar, sino que sólo se puede aplazar en beneficio de otros; además, deseaban luchar con Filipo y Antíoco en Grecia para no tener que hacerlo en Italia; podían haber evitado ambas cosas, pero esto no lo deseaban; tampoco les agradó nunca lo que siempre está en boca de los sabios de nuestro tiempo: -Disfrutemos de los beneficios del tiempo, pero más bien de los beneficios de su propio valor y prudencia, pues el tiempo lo lleva todo por delante y es capaz de traer consigo tanto el bien como el mal, y el mal como el bien.

[2] Véase la observación en la introducción sobre la palabra "intrattenere".

Pero volvamos a Francia y preguntemos si ha hecho alguna de las cosas mencionadas. Hablaré de Luis[3] (y no de Carlos)[4] como aquel cuya conducta es la mejor para ser observada, ya que ha mantenido la posesión de Italia durante el período más largo; y veréis que ha hecho lo contrario de las cosas que deberían hacerse para conservar un estado compuesto por diversos elementos.

[3] Luis XII, rey de Francia, "El padre del pueblo", nacido en 1462, muerto en 1515.

[4] Carlos VIII, rey de Francia, nacido en 1470, muerto en 1498.

El rey Luis fue llevado a Italia por la ambición de los venecianos, que deseaban obtener la mitad del estado de Lombardía mediante su intervención. No voy a culpar el curso tomado por el rey, porque, deseando conseguir un punto de apoyo en Italia, y no teniendo amigos allí -viendo más bien que todas las puertas estaban cerradas para él debido a la conducta de Carlos- se vio obligado a aceptar las amistades que pudo conseguir, y habría tenido éxito muy rápidamente en su designio si en otros asuntos no hubiera cometido algunos errores. Sin embargo, el rey, tras adquirir Lombardía, recuperó enseguida la autoridad que Carlos había perdido: Génova cedió; los florentinos se convirtieron en sus amigos; el marqués de Mantua, el duque de Ferrara, los Bentivogli, mi señora de Forli, los señores de Faenza, de Pesaro, de Rímini, de Camerino, de Piombino, los luccheses, los pisanos, los sieneses... todos se le insinuaron para que se hiciera amigo suyo. Entonces los venecianos pudieron darse cuenta de la temeridad del curso tomado por ellos, que, para poder asegurar dos ciudades en Lombardía, habían hecho al rey dueño de dos tercios de Italia.

Que cualquiera considere ahora con qué poca dificultad el rey podría haber mantenido su posición en Italia si hubiera observado las reglas arriba expuestas, y hubiera mantenido a todos sus amigos seguros y protegidos; pues, aunque eran numerosos, eran débiles y tímidos, algunos temerosos de la Iglesia, otros de los venecianos, y así siempre se habrían visto obligados a ser leales, y por sus medios podría haberse asegurado fácilmente contra los que seguían siendo poderosos. Pero apenas estuvo en Milán, hizo lo contrario al ayudar al papa Alejandro a ocupar la Romaña. Nunca se le ocurrió que con esta acción se estaba debilitando a sí mismo, privándose de amigos y de aquellos que se habían lanzado a su regazo, mientras engrandecía a la Iglesia añadiendo mucho poder temporal al espiritual, dándole así mayor autoridad. Y habiendo cometido este error primordial, se vio obligado a seguirlo, hasta el punto de que, para acabar con la ambición de Alejandro, y para evitar que se convirtiera en el amo de la Toscana, él mismo se vio obligado a entrar en Italia.

Y como si no fuera suficiente haber agigantado la Iglesia, y haberse privado de amigos, él, deseando tener el reino de Nápoles, lo dividió con el rey de España, y donde era el primer árbitro en Italia toma un asociado, para que los ambiciosos de ese país y los descontentos del suyo tuvieran donde refugiarse; y mientras que podía haber dejado en el reino a su propio pensionista como rey, lo echó, para poner allí a uno que era capaz de echarlo a él, Luis, a su vez.

El deseo de adquirir es en verdad muy natural y común, y los hombres siempre lo hacen cuando pueden, y por ello serán alabados y no culpados; pero cuando no pueden hacerlo, y sin embargo desean hacerlo por cualquier medio, entonces hay locura y culpa. Por lo tanto, si Francia hubiera podido atacar Nápoles con sus propias fuerzas, debería haberlo hecho; si no podía, entonces no debería haberla dividido. Y si la partición que hizo con los venecianos en Lombardía estaba justificada por la excusa de que con ella conseguía un punto de apoyo en Italia, esta otra partición merecía la culpa, pues no tenía la excusa de esa necesidad.

Por lo tanto, Luis cometió estos cinco errores: destruyó las potencias menores, aumentó la fuerza de una de las potencias mayores en Italia, trajo una potencia extranjera, no se estableció en el país, y no envió colonias. Estos errores no habrían sido suficientes para perjudicarle si no hubiera cometido un sexto error arrebatando sus dominios a los venecianos; porque, de no haber engrandecido a la Iglesia, ni haber introducido a España en Italia, habría sido muy razonable y necesario humillarlos; pero habiendo dado primero estos pasos, nunca debió consentir su ruina, porque ellos, siendo poderosos, siempre habrían alejado a otros de los designios sobre Lombardía, a los que los venecianos nunca habrían consentido si no fuera para convertirse ellos mismos en amos allí; también porque los otros no querrían arrebatar Lombardía a Francia para dársela a los venecianos, y para ir en contra de ambos no habrían tenido el valor.

Y si alguien dijera: "El rey Luis cedió la Romaña[5] a Alejandro y el reino a España para evitar la guerra", respondo por las razones expuestas anteriormente que nunca se debe cometer un error para evitar la guerra, porque no se puede evitar, sino que sólo se aplaza en su perjuicio. Y si otro alega la promesa que el rey había dado al Papa de que le ayudaría en la empresa, a cambio de la disolución de su matrimonio[6] y de la gorra de Rouen,[7] a eso respondo lo que escribiré más adelante sobre la fe de los príncipes, y cómo debe mantenerse.

[5] La Romaña es una región del norte de Italia que se extiende desde los Apeninos hasta el río Po en el norte.

[6] Luis XII se divorció de su esposa, Juana, hija de Luis XI, y se casó en 1499 con Ana de Bretaña, viuda de Carlos VIII, para conservar el ducado de Bretaña para la corona.

[7] El arzobispo de Rouen. Era Georges d'Amboise, creado cardenal por Alejandro VI. Nació en 1460 y murió en 1510.

Así pues, el rey Luis perdió Lombardía por no haber seguido ninguna de las condiciones observadas por aquellos que se han apoderado de países y han querido retenerlos. Tampoco hay ningún milagro en esto, sino mucho que es razonable y bastante natural. Y sobre estas cuestiones hablé en Nantes con Ruán, cuando Valentino, como se solía llamar a César Borgia, el hijo del Papa Alejandro, ocupó la Romaña, y al observarme el cardenal Ruán que los italianos no entendían la guerra, le respondí que los franceses no entendían el arte del Estado, queriendo decir que de otro modo no habrían permitido que la Iglesia alcanzara tal grandeza. Y de hecho se ha visto que la grandeza de la Iglesia y de España en Italia ha sido causada por Francia, y su ruina puede ser atribuida a ellos. De esto se extrae una regla general que nunca o rara vez falla: que quien es la causa de que otro se haga poderoso se arruina; porque ese predominio ha sido provocado o bien por la astucia o bien por la fuerza, y de ambos desconfía quien ha sido elevado al poder.

Por qué el Reino de Darío, Conquistado por Alejandro, no se Rebeló Contra los Sucesores de Alejandro a su Muerte

Considerando las dificultades que los hombres han tenido para mantener un estado recién adquirido, algunos podrían preguntarse cómo, viendo que Alejandro Magno se convirtió en el amo de Asia en pocos años, y que murió cuando apenas estaba asentado (por lo que podría parecer razonable que todo el imperio se hubiera rebelado), sin embargo, sus sucesores se mantuvieron, y no tuvieron que enfrentar ninguna otra dificultad que la que surgió entre ellos de sus propias ambiciones.

Respondo que los principados de los que se tiene constancia son gobernados de dos maneras diferentes: o bien por un príncipe, con un cuerpo de servidores, que le ayudan a gobernar el reino como ministros por su favor y permiso; o bien por un príncipe y barones, que ostentan esa dignidad por antigüedad de sangre y no por la gracia del príncipe. Tales barones tienen estados y sus propios súbditos, que los reconocen como señores y los tienen en afecto natural. Los estados que son gobernados por un príncipe y sus siervos tienen a su príncipe en mayor consideración, porque en todo el país no hay nadie que se reconozca como superior a él, y si rinden obediencia a otro lo hacen como a un ministro y funcionario, y no le guardan ningún afecto particular.

Los ejemplos de estos dos gobiernos en nuestro tiempo son el turco y el rey de Francia. Toda la monarquía del turco está gobernada por un solo señor, los demás son sus sirvientes; y, dividiendo su reino en sanjaks, envía allí a diferentes administradores, y los desplaza y cambia a su antojo. Pero el rey de Francia se encuentra en medio de un antiguo cuerpo de señores, reconocidos por sus propios súbditos y amados por ellos; tienen sus propias prerrogativas, y el rey no puede quitarlas sino a su riesgo. Por lo tanto, quien considere estos dos estados reconocerá grandes dificultades para apoderarse del estado del turco, pero, una vez conquistado, gran facilidad para mantenerlo. Las causas de las dificultades para apoderarse del reino del Turco son que el usurpador no puede ser llamado por los príncipes del reino, ni puede esperar ser ayudado en sus designios por la revuelta de aquellos que el señor tiene a su alrededor. Esto se debe a las razones expuestas anteriormente; ya que sus ministros, al ser todos esclavos y siervos, sólo pueden ser corrompidos con gran dificultad, y se puede esperar poca ventaja de ellos cuando han sido corrompidos, ya que no pueden llevar al pueblo con ellos, por las razones expuestas. Por lo tanto, el que ataca al turco debe tener en cuenta que lo encontrará unido, y tendrá que confiar más en su propia fuerza que en la revuelta de los demás; pero, si una vez que el turco ha sido conquistado, y derrotado en el campo de batalla de tal manera que no puede reponer sus ejércitos, no hay nada que temer más que a la familia de este príncipe, y, siendo ésta exterminada, no queda nadie a quien temer, no teniendo los demás ningún crédito ante el pueblo; y como el conquistador no se apoyó en ellos antes de su victoria, tampoco debe temerlos después de ella.

Lo contrario ocurre en los reinos gobernados como el de Francia, porque se puede entrar fácilmente en ellos ganando a algún barón del reino, pues siempre se encuentran descontentos y personas que desean un cambio. Tales hombres, por las razones expuestas, pueden abrir el camino hacia el estado y facilitar la victoria; pero si queréis mantenerlo después, os encontráis con infinitas dificultades, tanto por parte de los que os han ayudado como de los que habéis aplastado. Tampoco os basta con haber exterminado a la familia del príncipe, porque los señores que quedan se convierten en los jefes de nuevos movimientos contra vosotros, y como no sois capaces ni de satisfacerlos ni de exterminarlos, ese estado se pierde siempre que el tiempo brinda la oportunidad.

Ahora bien, si consideráis cuál era la naturaleza del gobierno de Darío, encontraréis que era similar al reino del Turco, y por lo tanto sólo era necesario que Alejandro, primero lo derrocara en el campo de batalla, y luego le arrebatara el país. Después de esta victoria, muerto Darío, el estado permaneció seguro para Alejandro, por las razones anteriores. Y si sus sucesores hubieran estado unidos lo habrían disfrutado con seguridad y a sus anchas, pues no se produjeron tumultos en el reino salvo los que ellos mismos provocaron.

Pero es imposible mantener con tanta tranquilidad estados constituidos como el de Francia. De ahí que surgieran esas frecuentes rebeliones contra los romanos en España, Francia y Grecia, debido a los numerosos principados que había en estos estados, de los que, mientras perduró el recuerdo de ellos, los romanos siempre tuvieron una posesión insegura; pero con el poder y la larga permanencia del imperio el recuerdo de ellos desapareció, y los romanos se convirtieron entonces en poseedores seguros. Y al luchar después entre ellos, cada uno pudo adscribirse a sus propias partes del país, según la autoridad que había asumido allí; y al ser exterminada la familia del anterior señor, no se reconoció a nadie más que a los romanos.

Cuando se recuerden estas cosas, nadie se maravillará de la facilidad con la que Alejandro mantuvo el Imperio de Asia, ni de las dificultades que otros han tenido para mantener una adquisición, como Pirro y muchos más; esto no es ocasionado por la poca o abundante habilidad en el conquistador, sino por la falta de uniformidad en el estado sujeto.

Sobre los Nuevos Principados que se Adquieren con las Propias Armas y la Habilidad

Que nadie se sorprenda si, al hablar de principados enteramente nuevos como lo haré, aduce los más altos ejemplos tanto de príncipe como de estado; porque los hombres, caminando casi siempre por sendas batidas por otros, y siguiendo por imitación sus hechos, son sin embargo incapaces de atenerse enteramente a los caminos de otros o de alcanzar el poder de aquellos a quienes imitan. Un hombre sabio debe seguir siempre los caminos batidos por los grandes hombres, e imitar a los que han sido supremos, de modo que si su habilidad no iguala la de ellos, al menos sabrá a ella. Que actúe como los arqueros astutos que, queriendo dar en el blanco que aún parece demasiado lejano, y conociendo los límites a los que llega la fuerza de su arco, apuntan mucho más alto que el blanco, no para alcanzar con su fuerza o su flecha una altura tan grande, sino para poder con la ayuda de una puntería tan alta dar en el blanco que desean alcanzar.

Digo, por lo tanto, que en los principados completamente nuevos, donde hay un nuevo príncipe, se encuentra más o menos dificultad para mantenerlos, de acuerdo con que haya más o menos habilidad en quien ha adquirido el estado. Ahora bien, como el hecho de convertirse en príncipe a partir de una estación privada presupone o bien la capacidad o bien la fortuna, es evidente que una u otra de estas cosas mitigará en cierta medida muchas dificultades. Sin embargo, el que menos ha confiado en la fortuna es el que se ha establecido con más fuerza. Además, facilita las cosas cuando el príncipe, al no tener otro estado, se ve obligado a residir allí en persona.

Pero para llegar a los que, por su propia capacidad y no por la fortuna, han llegado a ser príncipes, digo que Moisés, Ciro, Rómulo, Teseo y otros similares son los ejemplos más excelentes. Y aunque no se puede discutir a Moisés, por haber sido un mero ejecutor de la voluntad de Dios, sin embargo, debe ser admirado, aunque sólo sea por ese favor que le hizo digno de hablar con Dios. Pero al considerar a Ciro y a otros que han adquirido o fundado reinos, todos se encontrarán admirables; y si se consideran sus actos y conductas particulares, no se encontrarán inferiores a los de Moisés, aunque haya tenido un preceptor tan grande. Y al examinar sus acciones y vidas no se puede ver que debieran nada a la fortuna más allá de la oportunidad, que les aportó el material para moldear en la forma que les pareció mejor. Sin esa oportunidad sus poderes mentales se habrían extinguido, y sin esos poderes la oportunidad habría sido en vano.

Era necesario, por tanto, que Moisés encontrara al pueblo de Israel en Egipto esclavizado y oprimido por los egipcios, para que se dispusiera a seguirle para ser liberado de la esclavitud. Era necesario que Rómulo no permaneciera en Alba, y que fuera abandonado al nacer, para que se convirtiera en rey de Roma y fundador de la patria. Era necesario que Ciro encontrara a los persas descontentos con el gobierno de los medos, y a los medos blandos y afeminados por su larga paz. Teseo no habría podido mostrar su habilidad si no hubiera encontrado a los atenienses dispersos. Por lo tanto, estas oportunidades hicieron a esos hombres afortunados, y su alta capacidad les permitió reconocer la oportunidad por la que su país se ennobleció y se hizo famoso.

Los que por vías valerosas se convierten en príncipes, como estos hombres, adquieren un principado con dificultad, pero lo conservan con facilidad. Las dificultades que tienen para adquirirlo provienen en parte de las nuevas reglas y métodos que se ven obligados a introducir para establecer su gobierno y su seguridad. Y debe recordarse que no hay nada más difícil de tomar en mano, más peligroso de conducir, o más incierto en su éxito, que tomar la delantera en la introducción de un nuevo orden de cosas, porque el innovador tiene por enemigos a todos los que lo han hecho bien bajo las antiguas condiciones, y tibios defensores en los que pueden hacerlo bien bajo las nuevas. Esta frialdad surge en parte por el miedo a los oponentes, que tienen las leyes de su parte, y en parte por la incredulidad de los hombres, que no creen fácilmente en las cosas nuevas hasta que no han tenido una larga experiencia con ellas. Así ocurre que siempre que los que son hostiles tienen la oportunidad de atacar lo hacen como partidarios, mientras que los otros se defienden tibiamente, de tal manera que el príncipe está en peligro junto con ellos.

Es necesario, por lo tanto, si queremos discutir este asunto a fondo, preguntar si estos innovadores pueden confiar en sí mismos o tienen que depender de otros: es decir, si, para consumar su empresa, tienen que usar oraciones o pueden usar la fuerza. En el primer caso, siempre tienen un mal éxito y nunca logran nada; pero cuando pueden confiar en sí mismos y utilizar la fuerza, entonces rara vez corren peligro. De ahí que todos los profetas armados hayan vencido, y los desarmados hayan sido destruidos. Además de las razones mencionadas, la naturaleza de la gente es variable, y aunque es fácil persuadirla, es difícil fijarla en esa persuasión. Por eso es necesario tomar medidas tales que, cuando ya no crean, sea posible hacerles creer por la fuerza.

Si Moisés, Ciro, Teseo y Rómulo hubieran estado desarmados, no habrían podido imponer sus constituciones durante mucho tiempo, como le ocurrió en nuestro tiempo a Fray Girolamo Savonarola, que se arruinó con su nuevo orden de cosas en cuanto la multitud dejó de creer en él, y no tenía medios para mantener firmes a los que creían ni para hacer creer a los incrédulos. Por lo tanto, los tales tienen grandes dificultades para consumar su empresa, pues todos sus peligros están en el ascenso, pero con habilidad los superarán; pero cuando éstos sean superados, y los que les envidiaban su éxito sean exterminados, comenzarán a ser respetados, y seguirán después poderosos, seguros, honrados y felices.

A estos grandes ejemplos quiero añadir uno menor; aun así, guarda cierta semejanza con ellos, y quiero que me baste para todos los de su clase: se trata de Hiero el Siracusano[1] Este hombre ascendió desde una posición privada hasta ser príncipe de Siracusa, y tampoco debía nada a la fortuna, sino a la oportunidad; pues los siracusanos, estando oprimidos, lo eligieron como su capitán, y después fue recompensado al ser nombrado su príncipe. Era de una capacidad tan grande, incluso como ciudadano particular, que quien escribe sobre él dice que no quería más que un reino para ser rey. Este hombre abolió la antigua soldadesca, organizó la nueva, renunció a las viejas alianzas, hizo otras nuevas; y como tenía sus propios soldados y aliados, sobre tales cimientos pudo construir cualquier edificio: así, mientras que había soportado muchos problemas para adquirir, no tuvo muchos para mantener.

[1] Hiero II, nacido hacia el 307 a.C., muerto en el 216 a.C.

Sobre los Principados que se Adquieren por las Armas de Otros o por la Fortuna

Aquellos que sólo por buena fortuna se convierten en príncipes a partir de ser ciudadanos particulares tienen pocos problemas para ascender, pero muchos para mantenerse en la cima; no tienen ninguna dificultad en el camino de ascenso, porque vuelan, pero tienen muchas cuando llegan a la cima. Tales son aquellos a los que se les otorga algún estado, ya sea por dinero o por el favor de quien lo otorga; como les ocurrió a muchos en Grecia, en las ciudades de Jonia y del Helesponto, donde fueron hechos príncipes por Darío, a fin de que mantuvieran las ciudades tanto para su seguridad como para su gloria; como también lo fueron aquellos emperadores que, por la corrupción de los soldados, de ser ciudadanos pasaron a ser imperio. Los tales están simplemente elevados sobre la buena voluntad y la fortuna de quien los ha elevado, dos cosas muy inconstantes e inestables. Tampoco tienen los conocimientos necesarios para el cargo; porque, a menos que sean hombres de gran valor y capacidad, no es razonable esperar que sepan mandar, habiendo vivido siempre en una condición privada; además, no pueden ostentarlo porque no tienen fuerzas que puedan mantener amistosas y fieles.

Los estados que surgen inesperadamente, entonces, como todas las cosas de la naturaleza que nacen y crecen rápidamente, no pueden dejar sus cimientos y correspondencias[1] fijados de tal manera que la primera tormenta no los derribe; a menos que, como se dice, los que se convierten inesperadamente en príncipes sean hombres de tanta habilidad que sepan que tienen que estar preparados de inmediato para sostener lo que la fortuna ha arrojado en sus regazos, y que esos cimientos, que otros han puesto antes de que ellos se convirtieran en príncipes, ellos deben ponerlos después.

En cuanto a estos dos métodos de ascender a príncipe por habilidad o por fortuna, quiero aducir dos ejemplos que recordamos, y que son Francesco Sforza[2] y César Borgia. Francesco, por los medios adecuados y con gran habilidad, de ser un particular ascendió a duque de Milán, y lo que había adquirido con mil afanes lo conservó con pocos problemas. Por otra parte, César Borgia, llamado por el pueblo duque Valentino, adquirió su estado durante el ascenso de su padre, y al declinar éste lo perdió, a pesar de que había tomado todas las medidas y hecho todo lo que debía hacer un hombre sabio y capaz para fijar firmemente sus raíces en los estados que las armas y las fortunas de otros le habían otorgado.

Porque, como ya se ha dicho, quien no ha puesto primero sus cimientos puede ser capaz de ponerlos después con gran habilidad, pero serán puestos con problemas para el arquitecto y peligro para el edificio. Por tanto, si se consideran todos los pasos dados por el duque, se verá que puso sólidos cimientos para su futuro poder, y no considero superfluo hablar de ellos, porque no sé qué mejores preceptos dar a un nuevo príncipe que el ejemplo de sus acciones; y si sus disposiciones no sirvieron de nada, no fue culpa suya, sino de la extraordinaria y extrema malignidad de la fortuna.

Alejandro Sexto, al querer engrandecer al duque, su hijo, tenía muchas dificultades inmediatas y prospectivas. En primer lugar, no veía la manera de hacerle dueño de ningún estado que no fuera de la Iglesia; y si estaba dispuesto a robar a la Iglesia, sabía que el duque de Milán y los venecianos no lo consentirían, porque Faenza y Rimini ya estaban bajo la protección de los venecianos. Además, veía las armas de Italia, especialmente aquellas por las que podría haber sido ayudado, en manos que temerían el engrandecimiento del Papa, es decir, los Orsini y los Colonnesi y sus seguidores. Le correspondía, por tanto, alterar este estado de cosas y embrollar a las potencias, para hacerse dueño seguro de parte de sus estados. Esto le resultó fácil de hacer, porque encontró que los venecianos, movidos por otras razones, se inclinaban por hacer volver a los franceses a Italia; no sólo no se opondría a ello, sino que lo haría más fácil disolviendo el antiguo matrimonio del rey Luis. Por tanto, el rey entró en Italia con la ayuda de los venecianos y el consentimiento de Alejandro. Apenas se encontraba en Milán, el Papa hizo que se le entregaran soldados para el intento de conquista de la Romaña, que cedió ante la reputación del rey. El duque, por tanto, habiendo adquirido la Romaña y vencido a los Colonnesi, al tiempo que deseaba mantenerla y avanzar más, se vio obstaculizado por dos cosas: la una, que sus fuerzas no le parecían leales, la otra, la buena voluntad de Francia: es decir, temía que las fuerzas de los Orsini, que estaba utilizando, no le apoyaran, que no sólo le impidieran ganar más, sino que se apoderaran ellos mismos de lo que había ganado, y que el rey también hiciera lo mismo. De los Orsini tuvo una advertencia cuando, tras tomar Faenza y atacar Bolonia, los vio acudir de muy mala gana a ese ataque. Y en cuanto al rey, aprendió su mente cuando él mismo, tras tomar el ducado de Urbino, atacó la Toscana, y el rey le hizo desistir de esa empresa; de ahí que el duque decidiera no depender más de las armas y la suerte de otros.

Para empezar, debilitó a los partidos Orsini y Colonnesi en Roma, ganando para sí a todos sus adherentes que eran caballeros, haciéndolos sus caballeros, dándoles una buena paga y, según su rango, honrándolos con cargos y mandos, de tal manera que en pocos meses todo el apego a las facciones fue destruido y se volcó por completo en el duque. Después de esto, esperó una oportunidad para aplastar a los Orsini, tras haber dispersado a los partidarios de la casa Colonna. Ésta le llegó pronto y la aprovechó bien; pues los Orsini, percibiendo finalmente que el engrandecimiento del duque y de la Iglesia era la ruina para ellos, convocaron una reunión de los Magione en Perugia. De ahí surgió la rebelión de Urbino y los tumultos en la Romaña, con un sinfín de peligros para el duque, todos los cuales superó con la ayuda de los franceses. Una vez restablecida su autoridad, para no dejarla en peligro confiando en los franceses o en otras fuerzas externas, recurrió a sus artimañas, y supo disimular tan bien que, por mediación del signor Pagolo -al que el duque no dejó de asegurar con toda clase de atenciones, dándole dinero, ropa y caballos-, los Orsini se reconciliaron, de modo que su sencillez los llevó a su poder en Sinigalia. [3] Habiendo exterminado a los líderes, y convertido a sus partidarios en sus amigos, el duque sentó bases suficientemente buenas para su poder, teniendo toda la Romagna y el Ducado de Urbino; y el pueblo ahora comenzando a apreciar su prosperidad, los ganó todos para él. Y como este punto es digno de mención, y de ser imitado por otros, no estoy dispuesto a dejarlo de lado.

[3] Sinigalia, 31 de diciembre de 1502.

Cuando el duque ocupó la Romaña la encontró bajo el gobierno de unos señores débiles, que más bien saqueaban a sus súbditos que los gobernaban, y les daban más motivos para la desunión que para la unión, de modo que el país estaba lleno de robos, peleas y todo tipo de violencia; por eso, deseando devolver la paz y la obediencia a la autoridad, consideró necesario darle un buen gobernador. Así pues, promovió a Messer Ramiro d'Orco,[4] un hombre rápido y cruel, al que dio el máximo poder. Este hombre en poco tiempo restableció la paz y la unidad con el mayor éxito. Después, el duque consideró que no era aconsejable conferir una autoridad tan excesiva, pues no dudaba de que se volvería odioso, así que estableció un tribunal de justicia en el país, bajo un excelentísimo presidente, en el que todas las ciudades tenían sus defensores. Y como sabía que la severidad pasada había provocado cierto odio contra él, para aclararse en la mente del pueblo y ganárselo por completo, quiso demostrar que, si se había practicado alguna crueldad, no se había originado en él, sino en la severidad natural del ministro. Bajo este pretexto tomó a Ramiro, y una mañana hizo que lo ejecutaran y lo dejaran en la plaza de Cesena con la cuadra y un cuchillo ensangrentado a su lado. La barbarie de este espectáculo provocó la satisfacción y la consternación del pueblo a la vez.

[4] Ramiro d'Orco. Ramiro de Lorqua.

Pero volvamos al punto de partida. Digo que el duque, encontrándose ya suficientemente poderoso y en parte asegurado de los peligros inmediatos por haberse armado a su manera, y habiendo aplastado en gran medida a las fuerzas de su entorno que podían perjudicarle si quería proseguir con su conquista, tuvo que considerar a continuación a Francia, pues sabía que el rey, que demasiado tarde se dio cuenta de su error, no le apoyaría. Y a partir de este momento comenzó a buscar nuevas alianzas y a contemporizar con Francia en la expedición que ésta estaba realizando hacia el reino de Nápoles contra los españoles que asediaban Gaeta. Su intención era asegurarse contra ellos, y esto lo habría conseguido rápidamente si Alejandro hubiera vivido.

Tal era su línea de acción en cuanto a los asuntos presentes. Pero en cuanto al futuro tenía que temer, en primer lugar, que un nuevo sucesor de la Iglesia no le fuera amistoso y tratara de arrebatarle lo que Alejandro le había dado, por lo que decidió actuar de cuatro maneras. En primer lugar, exterminando a las familias de los señores que había despojado, para quitarle ese pretexto al Papa. En segundo lugar, ganando para sí a todos los caballeros de Roma, para poder frenar al Papa con su ayuda, como se ha observado. En tercer lugar, convirtiendo al colegio más hacia él. En cuarto lugar, adquiriendo tanto poder antes de que el Papa muriera que pudiera resistir con sus propias medidas el primer choque. De estas cuatro cosas, a la muerte de Alejandro, había logrado tres. Porque había matado a todos los señores desposeídos a los que pudo echar mano, y pocos habían escapado; se había ganado a los caballeros romanos, y tenía el partido más numeroso en el colegio. Y en cuanto a cualquier nueva adquisición, pretendía convertirse en el amo de la Toscana, pues ya poseía Perugia y Piombino, y Pisa estaba bajo su protección. Y como ya no tenía que estudiar a Francia (pues los franceses ya habían sido expulsados del reino de Nápoles por los españoles, y así ambos se vieron obligados a comprar su buena voluntad), se abalanzó sobre Pisa. Después de esto, Lucca y Siena cedieron de inmediato, en parte por odio y en parte por miedo a los florentinos; y éstos no habrían tenido remedio si hubiera seguido prosperando, como estaba prosperando el año en que murió Alejandro, pues había adquirido tanto poder y reputación que se habría mantenido por sí mismo, y ya no habría dependido de la suerte y las fuerzas de otros, sino únicamente de su propio poder y habilidad.

Pero Alejandro murió cinco años después de haber desenvainado la espada por primera vez. Dejó al duque con el estado de Romaña solo consolidado, con el resto en el aire, entre dos poderosísimos ejércitos hostiles, y enfermo hasta la muerte. Sin embargo, había en el duque tal audacia y habilidad, y sabía tan bien cómo se gana o se pierde a los hombres, y eran tan firmes los cimientos que en tan poco tiempo había puesto, que si no hubiera tenido esos ejércitos a sus espaldas, o si hubiera gozado de buena salud, habría superado todas las dificultades. Y se ve que sus cimientos eran buenos, pues la Romaña le esperó durante más de un mes. En Roma, aunque medio vivo, permaneció seguro; y aunque los Baglioni, los Vitelli y los Orsini pudieran llegar a Roma, no podrían hacer nada contra él. Si no hubiera podido hacer Papa a quien deseaba, al menos el que no deseaba no habría sido elegido. Pero si hubiera gozado de buena salud a la muerte de Alejandro,[5] todo habría sido diferente para él. El día en que Julio II fue elegido[6], me dijo que había pensado en todo lo que podría ocurrir a la muerte de su padre, y que había previsto un remedio para todo, excepto que nunca había previsto que, cuando la muerte ocurriera, él mismo estaría a punto de morir.

[5] Alejandro VI murió de fiebre, el 18 de agosto de 1503.

[6] Julio II era Giuliano della Rovere, cardenal de San Pietro ad Vincula, nacido en 1443 y muerto en 1513.

Cuando se recuerdan todas las acciones del duque, no sé cómo culparlo, sino que más bien parece ser, como he dicho, que debería ofrecerlo para que lo imiten todos aquellos que, por la fortuna o las armas de otros, son elevados al gobierno. Porque él, al tener un espíritu elevado y objetivos de largo alcance, no podría haber regulado su conducta de otra manera, y sólo la brevedad de la vida de Alejandro y su propia enfermedad frustraron sus designios. Por lo tanto, quien considera necesario asegurarse en su nuevo principado, ganar amigos, vencer por la fuerza o por el fraude, hacerse querer y temer por el pueblo, ser seguido y venerado por los soldados, exterminar a los que tienen poder o razón para hacerle daño, cambiar el viejo orden de cosas por uno nuevo, ser severo y gracioso, magnánimo y liberal, destruir una soldadesca desleal y crear otra nueva, mantener la amistad con reyes y príncipes de tal manera que le ayuden con celo y le ofendan con cautela, no puede encontrar un ejemplo más vivo que las acciones de este hombre.

Sólo se le puede culpar por la elección de Julio II, en la que hizo una mala elección, porque, como se dice, al no poder elegir un Papa a su gusto, podría haber impedido que cualquier otro fuera elegido Papa; y nunca debió consentir la elección de ningún cardenal al que hubiera perjudicado o que tuviera motivos para temerle si llegaba a ser pontífice. Pues los hombres injurian ya sea por miedo o por odio. Aquellos a los que había perjudicado, entre otros, eran San Pietro ad Vincula, Colonna, San Giorgio y Ascanio[7] El resto, al convertirse en Papa, debían temerle, exceptuando a Ruán y a los españoles; estos últimos por su relación y obligaciones, los primeros por su influencia, ya que el reino de Francia tenía relaciones con él. Por lo tanto, por encima de todo, el duque debería haber creado un Papa español y, en su defecto, debería haber consentido a Ruán y no a San Pietro ad Vincula. Se engaña quien cree que los nuevos beneficios harán que los grandes personajes olviden las viejas heridas. Por lo tanto, el duque se equivocó en su elección, y fue la causa de su ruina final.

[7] San Giorgio es Raffaello Riario. Ascanio es Ascanio
Sforza.

Sobre los que han Adquirido un Principado por Medio de la Maldad

Aunque un príncipe puede ascender desde una posición privada de dos maneras, ninguna de las cuales puede atribuirse enteramente a la fortuna o al genio, sin embargo, me resulta evidente que no debo callar sobre ellas, aunque una podría ser tratada más copiosamente cuando hablo de las repúblicas. Estos métodos son cuando, ya sea por alguna vía perversa o nefasta, uno asciende al principado, o cuando por el favor de sus conciudadanos un particular se convierte en príncipe de su país. Y hablando del primer método, se ilustrará con dos ejemplos - uno antiguo, el otro moderno- y sin entrar más en el tema, considero que estos dos ejemplos serán suficientes para quienes se vean obligados a seguirlos.

Agatocles, el siciliano,[1] llegó a ser rey de Siracusa no sólo desde una posición privada, sino desde una posición baja y abyecta. Este hombre, hijo de un alfarero, a través de todos los cambios en su fortuna llevó siempre una vida infame. Sin embargo, acompañó sus infamias con tanta habilidad de mente y cuerpo que, habiéndose dedicado a la profesión militar, ascendió en sus filas hasta ser pretor de Siracusa. Una vez establecido en ese puesto, y habiendo resuelto deliberadamente hacerse príncipe y apoderarse por la violencia, sin obligación para con los demás, de lo que se le había concedido por asentimiento, llegó a un entendimiento para este fin con Amílcar, el cartaginés, que, con su ejército, estaba luchando en Sicilia. Una mañana reunió al pueblo y al senado de Siracusa, como si tuviera que discutir con ellos cosas relativas a la República, y a una señal dada los soldados mataron a todos los senadores y a los más ricos del pueblo; muertos éstos, se apoderó y mantuvo el principado de esa ciudad sin ninguna conmoción civil. Y aunque fue derrotado dos veces por los cartagineses, y finalmente asediado, no sólo fue capaz de defender su ciudad, sino que dejando parte de sus hombres para su defensa, con los demás atacó África, y en poco tiempo levantó el asedio de Siracusa. Los cartagineses, reducidos a la extrema necesidad, se vieron obligados a llegar a un acuerdo con Agatocles y, dejándole Sicilia, tuvieron que contentarse con la posesión de África.

[1] Agatocles el Siciliano, nacido en el 361 a.C., muerto en el 289 a.C.

Por lo tanto, quien considere las acciones y el genio de este hombre no verá nada, o muy poco, que pueda atribuirse a la fortuna, ya que alcanzó la preeminencia, como se muestra más arriba, no por el favor de nadie, sino paso a paso en la profesión militar, pasos que se ganaron con mil problemas y peligros, y que después fueron sostenidos audazmente por él con muchos peligros azarosos. Sin embargo, no se puede llamar talento a matar a conciudadanos, a engañar a los amigos, a no tener fe, a no tener piedad, a no tener religión; tales métodos pueden ganar el imperio, pero no la gloria. Aun así, si se considera el valor de Agatocles para adentrarse en los peligros y salir de ellos, junto con su grandeza de ánimo para soportar y superar las dificultades, no se ve por qué debería ser estimado menos que el más notable de los capitanes. Sin embargo, su bárbara crueldad y su inhumanidad con infinita maldad no permiten que se le celebre entre los hombres más excelentes. Lo que logró no puede atribuirse ni a la fortuna ni al genio.

En nuestros tiempos, durante el gobierno de Alejandro Sexto, Oliverotto da Fermo, habiendo quedado huérfano muchos años antes, fue criado por su tío materno, Giovanni Fogliani, y en los primeros días de su juventud fue enviado a luchar bajo el mando de Pagolo Vitelli, para que, siendo entrenado bajo su disciplina, pudiera alcanzar alguna posición elevada en la profesión militar. Tras la muerte de Pagolo, luchó a las órdenes de su hermano Vitellozzo, y en muy poco tiempo, dotado de ingenio y de un cuerpo y una mente vigorosos, se convirtió en el primer hombre de su profesión. Pero pareciéndole una cosa insignificante servir a las órdenes de otros, resolvió, con la ayuda de algunos ciudadanos de Fermo, para quienes la esclavitud de su país era más querida que su libertad, y con la ayuda de los Vitelleschi, apoderarse de Fermo. Así pues, escribió a Giovanni Fogliani que, habiendo estado lejos de su casa durante muchos años, deseaba visitarlo a él y a su ciudad, y en cierta medida contemplar su patrimonio; y aunque no se había esforzado por adquirir nada excepto el honor, sin embargo, para que los ciudadanos vieran que no había gastado su tiempo en vano, deseaba venir honorablemente, por lo que iría acompañado de cien jinetes, sus amigos y criados; y suplicó a Giovanni que dispusiera que fuera recibido honorablemente por los fermianos, todo lo cual redundaría no sólo en su honor, sino también en el del propio Giovanni, que lo había criado.

Giovanni, por lo tanto, no faltó a las atenciones debidas a su sobrino, e hizo que fuera recibido honorablemente por los fermianos, y lo alojó en su propia casa, donde, habiendo pasado algunos días, y habiendo dispuesto lo necesario para sus malvados designios, Oliverotto dio un banquete solemne al que invitó a Giovanni Fogliani y a los jefes de Fermo. Cuando se terminaron las viandas y todos los demás agasajos habituales en tales banquetes, Oliverotto comenzó arteramente ciertos discursos graves, hablando de la grandeza del papa Alejandro y de su hijo César, y de sus empresas, a cuyo discurso respondieron Giovanni y otros; pero se levantó enseguida, diciendo que tales asuntos debían discutirse en un lugar más privado, y se dirigió a una cámara, a la que Giovanni y el resto de los ciudadanos entraron tras él. Apenas se sentaron, los soldados salieron de lugares secretos y masacraron a Giovanni y al resto. Después de estos asesinatos, Oliverotto, montado a caballo, recorrió la ciudad de arriba abajo y asedió al magistrado principal en el palacio, de modo que, atemorizado, el pueblo se vio obligado a obedecerle y a formar un gobierno, del que se hizo príncipe. Mató a todos los descontentos que pudieron perjudicarle, y se fortaleció con nuevas ordenanzas civiles y militares, de tal manera que, en el año durante el que ostentó el principado, no sólo estaba seguro en la ciudad de Fermo, sino que se había vuelto formidable para todos sus vecinos. Y su destrucción habría sido tan difícil como la de Agatocles si no se hubiera dejado sobrepasar por César Borgia, que lo apresó con los Orsini y los Vitelli en Sinigalia, como ya se ha dicho. Así, un año después de haber cometido este parricidio, fue estrangulado, junto con Vitellozzo, a quien había convertido en su líder en valor y maldad.

Algunos se preguntarán cómo es posible que Agatocles y sus semejantes, después de infinitas traiciones y crueldades, vivan durante mucho tiempo seguros en su país, y se defiendan de los enemigos exteriores, y nunca sean conjurados por sus propios ciudadanos; viendo que muchos otros, por medio de la crueldad, nunca han podido ni siquiera en tiempos pacíficos mantener el estado, y menos aún en los tiempos dudosos de la guerra. Creo que esto se debe a que las severidades[2] se utilizan mal o adecuadamente. Pueden llamarse correctamente empleadas, si es que se puede hablar bien de maldad, aquellas que se aplican de un solo golpe y son necesarias para la seguridad de uno, y en las que no se persiste después a no ser que se puedan convertir en una ventaja para los súbditos. Los mal empleados son aquellos que, aunque sean pocos al principio, se multiplican con el tiempo en lugar de disminuir. Los que practican el primer sistema pueden, con la ayuda de Dios o del hombre, mitigar en cierta medida su dominio, como hizo Agatocles. A los que siguen el otro les resulta imposible mantenerse.

[2] El Sr. Burd sugiere que esta palabra probablemente se acerca más al equivalente moderno del pensamiento de Maquiavelo cuando habla de "crudelta" que de las "crueldades" más obvias.

De ahí que haya que señalar que, al apoderarse de un estado, el usurpador debe examinar detenidamente todas las injurias que le sea necesario infligir, y hacerlas todas de una sola vez para no tener que repetirlas a diario; y así, al no inquietar a los hombres, podrá tranquilizarlos y ganárselos para sí mediante beneficios. Quien hace lo contrario, ya sea por timidez o por mal consejo, se ve obligado a mantener siempre el cuchillo en la mano; ni puede confiar en sus súbditos, ni éstos pueden adherirse a él, debido a sus continuos y repetidos agravios. Porque las injurias deben hacerse de una sola vez, para que, al saborearse menos, ofendan menos; los beneficios deben darse poco a poco, para que su sabor dure más tiempo.

Y por encima de todo, un príncipe debe vivir entre su pueblo de tal manera que ninguna circunstancia inesperada, ya sea de bien o de mal, le haga cambiar; porque si la necesidad de esto llega en tiempos difíciles, ya es demasiado tarde para tomar medidas duras; y las suaves no le ayudarán, pues se considerarán como forzadas por usted, y nadie tendrá ninguna obligación con usted por ellas.

Sobre un Principado Civil

Pero llegando al otro punto -donde un ciudadano importante se convierte en el príncipe de su país, no por la maldad o cualquier violencia intolerable, sino por el favor de sus conciudadanos- esto puede llamarse un principado civil: tampoco es necesario el genio o la fortuna para alcanzarlo, sino más bien una feliz astucia. Digo, pues, que tal principado se obtiene o bien por el favor del pueblo o bien por el de los nobles. Porque en todas las ciudades se encuentran estos dos partidos distintos, y de ahí surge que el pueblo no desea ser gobernado ni oprimido por los nobles, y los nobles desean gobernar y oprimir al pueblo; y de estos dos deseos opuestos surge en las ciudades uno de los tres resultados, ya sea un principado, el autogobierno o la anarquía.

Un principado es creado por el pueblo o por los nobles, según uno u otro tenga la oportunidad; pues los nobles, al ver que no pueden resistir al pueblo, comienzan a llorar la reputación de uno de ellos, y lo convierten en príncipe, para que bajo su sombra puedan dar rienda suelta a sus ambiciones. El pueblo, viendo que no puede resistir a los nobles, también clama por la reputación de uno de ellos, y lo convierten en príncipe para poder ser defendidos por su autoridad. El que obtiene la soberanía con la ayuda de los nobles se mantiene con más dificultad que el que llega a ella con la ayuda del pueblo, porque el primero se encuentra con muchos a su alrededor que se consideran sus iguales, y por ello no puede gobernar ni manejarlos a su gusto. Pero el que alcanza la soberanía por el favor popular se encuentra solo, y no tiene a nadie a su alrededor, o a pocos, que no estén dispuestos a obedecerle.

Además, no se puede satisfacer a los nobles mediante un trato justo y sin perjudicar a los demás, pero sí se puede satisfacer al pueblo, ya que su objetivo es más justo que el de los nobles, ya que estos últimos desean oprimir, mientras que los primeros sólo desean no ser oprimidos. Hay que añadir también que un príncipe nunca puede asegurarse contra un pueblo hostil, por ser demasiado numeroso, mientras que de los nobles puede asegurarse, ya que son pocos. Lo peor que un príncipe puede esperar de un pueblo hostil es ser abandonado por él; pero de los nobles hostiles no sólo tiene que temer el abandono, sino también que se levanten contra él; porque ellos, al ser en estos asuntos más previsores y astutos, siempre se adelantan a tiempo para salvarse y obtener los favores de aquel de quien esperan prevalecer. Además, el príncipe se ve obligado a vivir siempre con el mismo pueblo, pero puede prescindir de los mismos nobles, pudiendo hacer y deshacer a diario, y dar o quitar autoridad cuando le plazca.

Por lo tanto, para aclarar este punto, digo que los nobles deben ser considerados principalmente de dos maneras: es decir, o bien forman su curso de tal manera que se vinculan totalmente a su fortuna, o no lo hacen. Aquellos que se vinculan de este modo, y no son rapaces, deben ser honrados y amados; los que no se vinculan pueden ser tratados de dos maneras: pueden no hacerlo por pusilanimidad y por una falta natural de valor, en cuyo caso debéis hacer uso de ellos, especialmente de los que son de buen consejo; y así, mientras que en la prosperidad los honráis, en la adversidad no tenéis que temerlos. Pero cuando por sus propios fines ambiciosos evitan vincularse, es una señal de que están pensando más en sí mismos que en ti, y un príncipe debe protegerse de tales, y temerlos como si fueran enemigos abiertos, porque en la adversidad siempre ayudan a arruinarlo.

Por lo tanto, aquel que se convierte en príncipe gracias al favor del pueblo debe mantenerlo amigable, y esto lo puede hacer fácilmente ya que sólo piden no ser oprimidos por él. Pero quien, en oposición al pueblo, se convierte en príncipe por el favor de los nobles, debe, por encima de todo, tratar de ganarse al pueblo para sí, y esto puede hacerlo fácilmente si lo toma bajo su protección. Porque los hombres, cuando reciben el bien de quien esperaban el mal, se vinculan más estrechamente a su benefactor; así, el pueblo se vuelve rápidamente más devoto a él que si hubiera sido elevado al principado por sus favores; y el príncipe puede ganarse su afecto de muchas maneras, pero como éstas varían según las circunstancias no se pueden dar reglas fijas, así que las omito; pero, repito, es necesario que un príncipe tenga al pueblo como amigo, de lo contrario no tiene seguridad en la adversidad.

Nabis,[1] príncipe de los espartanos, soportó el ataque de toda Grecia y de un ejército romano victorioso, y contra ellos defendió su país y su gobierno; y para superar este peligro sólo era necesario que se asegurara contra unos pocos, pero esto no habría sido suficiente si el pueblo fuera hostil. Y que nadie impugne esta afirmación con el trillado proverbio de que "quien construye sobre el pueblo, construye sobre el barro", pues esto es cierto cuando un ciudadano particular hace una fundación en él, y se persuade de que el pueblo le liberará cuando sea oprimido por sus enemigos o por los magistrados; con lo cual se encontraría muy a menudo engañado, como le ocurrió a los Gracos en Roma y a Messer Giorgio Scali[2] en Florencia. Pero si se le concede a un príncipe que se haya establecido como tal, que sepa mandar y que sea un hombre valiente, que no se amilane en la adversidad, que no falle en otras calificaciones y que, por su resolución y energía, mantenga alentado a todo el pueblo, uno así nunca se encontrará engañado en ellas, y se demostrará que ha sentado bien sus bases.

[1] Nabis, tirano de Esparta, conquistado por los romanos bajo el mando de Flaminino en 195 a.C.; asesinado en 192 a.C.

[2] Messer Giorgio Scali. Este acontecimiento se encuentra en la "Historia Florentina" de Maquiavelo, Libro III.

Estos principados están expuestos al peligro cuando pasan del orden civil al absoluto de gobierno, ya que tales príncipes gobiernan personalmente o a través de magistrados. En este último caso, su gobierno es más débil e inseguro, porque descansa enteramente en la buena voluntad de aquellos ciudadanos que son elevados a la magistratura, y que, especialmente en tiempos difíciles, pueden destruir el gobierno con gran facilidad, ya sea por intriga o por desafío abierto; y el príncipe no tiene la oportunidad en medio de los tumultos de ejercer una autoridad absoluta, porque los ciudadanos y súbditos, acostumbrados a recibir órdenes de los magistrados, no están dispuestos a obedecerle en medio de estas confusiones, y siempre habrá en tiempos dudosos una escasez de hombres en los que pueda confiar. Porque un príncipe así no puede confiar en lo que observa en tiempos tranquilos, cuando los ciudadanos tienen necesidad del estado, porque entonces todos están de acuerdo con él; todos prometen, y cuando la muerte está lejos todos desean morir por él; pero en tiempos turbulentos, cuando el estado tiene necesidad de sus ciudadanos, entonces no encuentra más que unos pocos. Y tanto más peligroso es este experimento, en la medida en que sólo puede probarse una vez. Por lo tanto, un príncipe sabio debe adoptar un curso tal que sus ciudadanos siempre, en todo tipo y clase de circunstancias, tengan necesidad del estado y de él, y entonces siempre los encontrará fieles.

Sobre la Forma en que debe Medirse la Fuerza de Todos los Principados

Es necesario considerar otro punto al examinar el carácter de estos principados: es decir, si un príncipe tiene tal poder que, en caso de necesidad, puede mantenerse a sí mismo con sus propios recursos, o si tiene siempre necesidad de la ayuda de otros. Y para que esto quede bien claro, digo que considero que son capaces de mantenerse con sus propios recursos quienes pueden, ya sea por la abundancia de hombres o de dinero, reunir un ejército suficiente para unirse a la batalla contra cualquiera que venga a atacarlos; y considero que siempre tienen necesidad de otros quienes no pueden mostrarse contra el enemigo en el campo, sino que se ven obligados a defenderse refugiándose detrás de los muros. El primer caso ya se ha discutido, pero volveremos a hablar de él si se repite. En el segundo caso no se puede decir nada más que animar a esos príncipes a aprovisionar y fortificar sus ciudades, y no a defender el país. Y quien fortifique bien su ciudad, y haya gestionado los demás asuntos de sus súbditos de la manera expuesta anteriormente, y que se repetirá a menudo, nunca será atacado sin gran precaución, pues los hombres son siempre adversos a las empresas donde se ven dificultades, y se verá que no es cosa fácil atacar a quien tiene su ciudad bien fortificada, y no es odiado por su pueblo.

Las ciudades de Alemania son absolutamente libres, no poseen más que un pequeño territorio a su alrededor, y rinden obediencia al emperador cuando les conviene, ni temen a éste o a cualquier otro poder que puedan tener cerca, porque están fortificadas de tal manera que todo el mundo piensa que la toma de las mismas por asalto sería tediosa y difícil, ya que tienen fosos y murallas adecuadas, tienen suficiente artillería, y siempre guardan en depósitos públicos lo suficiente para comer, beber y disparar durante un año. Y más allá de esto, para mantener al pueblo tranquilo y sin pérdidas para el estado, siempre tienen los medios para dar trabajo a la comunidad en aquellas labores que son la vida y la fuerza de la ciudad, y en cuya consecución se mantiene el pueblo; también tienen ejercicios militares de renombre, y además tienen muchas ordenanzas para mantenerlos.

Por lo tanto, un príncipe que tenga una ciudad fuerte, y no se haya hecho odioso, no será atacado, o si alguien lo ataca sólo será expulsado con deshonra; además, debido a que los asuntos de este mundo son tan cambiantes, es casi imposible mantener un ejército todo un año en el campo sin que sea interferido. Y quien quiera que responda: Si el pueblo tiene propiedades fuera de la ciudad, y las ve quemadas, no permanecerá paciente, y el largo asedio y el interés propio le harán olvidar a su príncipe; a esto respondo que un príncipe poderoso y valiente superará todas esas dificultades dando en un momento la esperanza a sus súbditos de que el mal no será por mucho tiempo, en otro momento el miedo a la crueldad del enemigo, preservándose entonces hábilmente de aquellos súbditos que le parezcan demasiado atrevidos.

Además, el enemigo, naturalmente, a su llegada incendiaría y arruinaría el país en el momento en que los espíritus de la gente están todavía calientes y dispuestos a la defensa; y, por lo tanto, tanto menos debería dudar el príncipe; porque después de un tiempo, cuando los espíritus se han enfriado, el daño ya está hecho, los males están incurridos y ya no hay remedio; y por lo tanto están tanto más dispuestos a unirse a su príncipe, ya que él parece estar bajo obligaciones hacia ellos ahora que sus casas han sido quemadas y sus posesiones arruinadas en su defensa. Porque es la naturaleza de los hombres estar obligados por los beneficios que confieren tanto como por los que reciben. Por lo tanto, si todo está bien considerado, no será difícil para un príncipe sabio mantener el ánimo de sus ciudadanos firme desde el principio hasta el final, cuando no deja de apoyarlos y defenderlos.

Sobre los Principados
Eclesiásticos

Ahora sólo queda hablar de los principados eclesiásticos, respecto a los cuales todas las dificultades son previas a la obtención de la posesión, ya que se adquieren por capacidad o por buena fortuna, y pueden ser retenidos sin ninguna de las dos cosas, pues están sostenidos por las antiguas ordenanzas de la religión, que son tan omnipotentes y de tal carácter que los principados pueden ser retenidos sin importar cómo se comporten y vivan sus príncipes. Sólo estos príncipes tienen estados y no los defienden; y tienen súbditos y no los gobiernan; y los estados, aunque no estén vigilados, no les son arrebatados, y los súbditos, aunque no estén gobernados, no se preocupan, y no tienen ni el deseo ni la capacidad de alienarse. Sólo tales principados están seguros y son felices. Pero siendo sostenidos por poderes, a los que la mente humana no puede llegar, no hablaré más de ellos, porque, siendo exaltados y mantenidos por Dios, sería un acto de un hombre presuntuoso y temerario discutirlos.

Sin embargo, si alguien me preguntara cómo es que la Iglesia ha alcanzado tal grandeza en el poder temporal, viendo que desde Alejandro hacia atrás los potentados italianos (no sólo los que han sido llamados potentados, sino todos los barones y señores, aunque sean los más pequeños) han valorado muy poco el poder temporal, y sin embargo ahora un rey de Francia tiembla ante ella, y ha sido capaz de expulsarlo de Italia, y de arruinar a los venecianos, aunque esto sea muy manifiesto, no me parece superfluo recordarlo en cierta medida a la memoria.

Antes de que Carlos, rey de Francia, pasara a Italia,[1] este país estaba bajo el dominio del Papa, los venecianos, el rey de

Nápoles, el duque de Milán y los florentinos. Estos potentados tenían dos ansiedades principales: una, que ningún extranjero entrara en Italia bajo las armas; la otra, que ninguno de ellos se apoderara de más territorio. Aquellos sobre los que había más ansiedad eran el Papa y los venecianos. Para frenar a los venecianos era necesaria la unión de todos los demás, como lo fue para la defensa de Ferrara; y para mantener a raya al Papa se valieron de los barones de Roma, que, divididos en dos facciones, Orsini y Colonnesi, tenían siempre un pretexto para el desorden, y, con las armas en la mano bajo la mirada del Pontífice, mantenían el pontificado débil e impotente. Y aunque a veces surgía un papa valiente, como Sixto, ni la fortuna ni la sabiduría podían librarle de estas molestias. Y la corta vida de un papa es también una causa de debilidad; porque en los diez años, que es la vida media de un papa, puede con dificultad rebajar una de las facciones; y si, por así decirlo, un pueblo casi destruyera a los Colonnesi, surgiría otro hostil a los Orsini, que apoyaría a sus oponentes, y sin embargo no tendría tiempo de arruinar a los Orsini. Esta era la razón por la que los poderes temporales del papa eran poco estimados en Italia.

[1] Carlos VIII invadió Italia en 1494.

Después surgió Alejandro Sexto, que de todos los pontífices que han existido demostró cómo un papa con dinero y armas era capaz de imponerse; y a través de la instrumentalidad del duque Valentino, y con motivo de la entrada de los franceses, propició todo lo que he comentado anteriormente sobre las acciones del duque. Y aunque su intención no era engrandecer a la Iglesia, sino al duque, sin embargo, lo que hizo contribuyó a la grandeza de la Iglesia, que, tras su muerte y la ruina del duque, se convirtió en heredera de todas sus labores.

El Papa Julio vino después y encontró a la Iglesia fuerte, poseyendo toda la Romaña, a los barones de Roma reducidos a la impotencia y, por los castigos de Alejandro, a las facciones aniquiladas; también encontró el camino abierto para acumular dinero de una manera como nunca se había practicado antes de la época de Alejandro. Estas cosas no sólo las siguió Julio, sino que las mejoró, y se propuso ganar Bolonia, arruinar a los venecianos y expulsar a los franceses de Italia. Todas estas empresas prosperaron con él, y tanto más a su favor cuanto que lo hizo todo para fortalecer a la Iglesia y no a cualquier persona privada. También mantuvo a las facciones Orsini y Colonnesi dentro de los límites en los que las encontró; y aunque había entre ellas alguna mente para hacer disturbios, sin embargo mantuvo firmes dos cosas: la una, la grandeza de la Iglesia, con la que los aterrorizó; y la otra, no permitirles tener sus propios cardenales, que causaban los desórdenes entre ellos. Porque siempre que estas facciones tienen sus cardenales no permanecen tranquilas por mucho tiempo, porque los cardenales fomentan las facciones en Roma y fuera de ella, y los barones se ven obligados a apoyarlos, y así de las ambiciones de los prelados surgen desórdenes y tumultos entre los barones. Por estas razones su Santidad el Papa León[2] encontró el pontificado más poderoso, y es de esperar que, si otros lo hicieron grande en las armas, él lo hará aún más grande y venerado por su bondad e infinitas otras virtudes.

[2] El Papa León X era el Cardenal de' Medici.

Cuántas Clases de Soldados hay y Sobre los Mercenarios

Después de haber disertado particularmente sobre las características de los principados que al principio me propuse discutir, y de haber considerado en cierta medida las causas de que sean buenos o malos, y de haber mostrado los métodos por los que muchos han tratado de adquirirlos y mantenerlos, me queda ahora discutir en general los medios de ataque y defensa que corresponden a cada uno de ellos.

Hemos visto más arriba lo necesario que es para un príncipe tener sus cimientos bien asentados, de lo contrario se deduce por necesidad que irá a la ruina. Los principales cimientos de todos los estados, tanto nuevos como antiguos o compuestos, son las buenas leyes y las buenas armas; y como no puede haber buenas leyes donde el estado no está bien armado, se deduce que donde están bien armados tienen buenas leyes. Dejaré las leyes fuera de la discusión y hablaré de las armas.

Digo, por tanto, que las armas con las que un príncipe defiende su estado son, o bien propias, o bien mercenarias, auxiliares o mixtas. Los mercenarios y los auxiliares son inútiles y peligrosos; y si uno sostiene su estado basándose en estas armas, no se mantendrá ni firme ni seguro; porque son desunidos, ambiciosos y sin disciplina, infieles, valientes ante los amigos, cobardes ante los enemigos; no tienen ni el temor de Dios ni la fidelidad a los hombres, y la destrucción se aplaza sólo mientras el ataque; porque en la paz uno es robado por ellos, y en la guerra por el enemigo. El hecho es que no tienen ningún otro atractivo o razón para mantener el campo que una insignificancia de estipendio, que no es suficiente para que estén dispuestos a morir por usted. Están lo suficientemente dispuestos a ser vuestros soldados mientras no hagáis la guerra, pero si ésta llega se quitan o huyen del enemigo; lo cual no me costaría mucho demostrar, pues la ruina de Italia no ha sido causada por otra cosa que por descansar todas sus esperanzas durante muchos años en los mercenarios, y aunque antes hacían algún alarde y parecían valientes entre ellos, sin embargo, cuando llegaron los extranjeros mostraron lo que eran. Así fue como a Carlos, rey de Francia, se le permitió apoderarse de Italia con la tiza en la mano;[1] y el que nos dijo que nuestros pecados eran la causa de ello decía la verdad, pero no eran los pecados que él imaginaba, sino los que he relatado. Y como fueron los pecados de los príncipes, son los príncipes los que también han sufrido el castigo.

[1] "Con tiza en la mano", "col gesso". Este es uno de los bons mots de Alejandro VI, y se refiere a la facilidad con la que Carlos VIII se apoderó de Italia, dando a entender que sólo fue necesario que enviara a sus intendentes a marcar con tiza los tochos para que sus soldados conquistaran el país. Cf. "La historia de Enrique VII", de Lord Bacon: "El rey Carlos había conquistado el reino de Nápoles, y lo perdió de nuevo, en una especie de felicidad de un sueño. Atravesó toda Italia sin resistencia, por lo que era cierto lo que el Papa Alejandro solía decir: Que los franceses entraron en Italia con tiza en la mano, para marcar sus alojamientos, antes que con espadas para luchar".

Quiero demostrar aún más la infelicidad de estas armas. Los capitanes mercenarios son hombres capaces o no lo son; si lo son, no se puede confiar en ellos, porque siempre aspiran a su propia grandeza, ya sea oprimiéndole a usted, que es su amo, o a otros en contra de sus intenciones; pero si el capitán no es hábil, usted se arruina de la manera habitual.

Y si se insiste en que quien está armado actuará de la misma manera, sea mercenario o no, respondo que cuando hay que recurrir a las armas, ya sea por parte de un príncipe o de una república, entonces el príncipe debe ir en persona y cumplir con el deber de un capitán; la república tiene que enviar a sus ciudadanos, y cuando se envía a uno que no resulta satisfactorio, debe retirarlo, y cuando uno es digno, retenerlo por las leyes para que no abandone el mando. Y la experiencia ha demostrado que los príncipes y las repúblicas, en solitario, hacen los mayores progresos, y los mercenarios no hacen más que daño; y es más difícil poner a una república, armada con sus propias armas, bajo el mando de uno de sus ciudadanos que poner a una armada con armas extranjeras. Roma y Esparta se mantuvieron durante muchas épocas armadas y libres. Los suizos están completamente armados y son bastante libres.

De los antiguos mercenarios, por ejemplo, están los cartagineses, que fueron oprimidos por sus soldados mercenarios tras la primera guerra con los romanos, aunque los cartagineses tenían a sus propios ciudadanos por capitanes. Tras la muerte de Epaminondas, Filipo de Macedonia fue nombrado capitán de sus soldados por los tebanos, y tras la victoria les quitó la libertad.

Muerto el duque Filippo, los milaneses alistaron a Francesco Sforza contra los venecianos, y éste, tras vencer al enemigo en Caravaggio,[2] se alió con ellos para aplastar a los milaneses, sus amos. Su padre, Sforza, habiéndose comprometido con la reina Johanna[3] de Nápoles, la dejó desprotegida, por lo que se vio obligada a echarse en brazos del rey de Aragón para salvar su reino. Y si los venecianos y los florentinos extendieron antes sus dominios por medio de estas armas, y sin embargo sus capitanes no se hicieron príncipes, sino que los han defendido, respondo que los florentinos en este caso han sido favorecidos por el azar, ya que de los capitanes capaces, de los que podrían haber tenido miedo, algunos no han conquistado, otros se han opuesto y otros han desviado sus ambiciones hacia otra parte. Uno de los que no conquistó fue Giovanni Acuto,[4] y como no conquistó no se puede probar su fidelidad; pero todos reconocerán que, de haber conquistado, los florentinos se habrían puesto a su disposición. Sforza tenía a los Bracceschi siempre en su contra, por lo que se vigilaban mutuamente. Francesco dirigió su ambición hacia Lombardía; Braccio contra la Iglesia y el reino de Nápoles. Pero lleguemos a lo que sucedió hace poco tiempo. Los florentinos nombraron como su capitán a Pagolo Vitelli, un hombre muy prudente, que desde una posición privada había ascendido al mayor renombre. Si este hombre hubiera tomado Pisa, nadie puede negar que hubiera sido conveniente que los florentinos se mantuvieran con él, ya que si se convertía en el soldado de sus enemigos no tenían medios para resistir, y si se aferraban a él debían obedecerle. Los venecianos, si se consideran sus logros, se verá que actuaron de forma segura y gloriosa mientras enviaron a la guerra a sus propios hombres, cuando con caballeros armados y plebeyos lo hicieron valientemente. Esto fue antes de que se dedicaran a las empresas en tierra, pero cuando empezaron a luchar en tierra abandonaron esta virtud y siguieron la costumbre de Italia. Y al principio de su expansión en tierra, al no tener mucho territorio, y debido a su gran reputación, no tenían mucho que temer de sus capitanes; pero cuando se expandieron, como bajo Carmignuola,[5] tuvieron una prueba de este error; ya que, habiéndolo encontrado como un hombre muy valiente (vencieron al duque de Milán bajo su liderazgo), y, por otra parte, sabiendo lo tibio que era en la guerra, temieron no seguir conquistando bajo su mando, y por esta razón no estaban dispuestos, ni eran capaces, de dejarlo ir; y así, para no perder de nuevo lo que habían adquirido, se vieron obligados, para asegurarse, a asesinarlo. Después tuvieron por capitanes a Bartolomeo da Bergamo, Roberto da San Severino, el conde de Pitigliano,[6] y otros similares, bajo los cuales tuvieron que temer la pérdida y no la ganancia, como ocurrió después en Vaila,[7] donde en una batalla perdieron lo que en ochocientos años habían adquirido con tantos problemas. Porque de tales armas las conquistas no llegan sino lentamente, con mucho retraso y sin consideración, pero las pérdidas son repentinas y portentosas.

[2] Batalla de Caravaggio, 15 de septiembre de 1448.

[3] Johanna II de Nápoles, viuda de Ladislao, rey de Nápoles.

[4] Giovanni Acuto. Un caballero inglés cuyo nombre era Sir John Hawkwood. Luchó en las guerras inglesas en Francia, y fue nombrado caballero por Eduardo III; después reunió un cuerpo de tropas y fue a Italia. Estas se convirtieron en la famosa "Compañía Blanca". Participó en muchas guerras y murió en Florencia en 1394. Nació hacia 1320 en Sible Hedingham, un pueblo de Essex. Se casó con Domnia, una hija de Bernabo Visconti.

[5] Carmignuola. Francesco Bussone, nacido en Carmagnola hacia 1390, ejecutado en Venecia, el 5 de mayo de 1432.

[6] Bartolomeo Colleoni de Bérgamo; murió en 1457. Roberto de San Severino; murió luchando por Venecia contra Segismundo, duque de Austria, en 1487. "Primo capitano in Italia" -Machiavelli. Conde de Pitigliano; Nicolo Orsini, nacido en 1442, murió en 1510.

[7] Batalla de Vaila en 1509.

Y como con estos ejemplos he llegado a Italia, que ha sido gobernada durante muchos años por mercenarios, deseo discutirlos más seriamente, para que, habiendo visto su ascenso y progreso, uno pueda estar mejor preparado para contrarrestarlos. Debéis comprender que el imperio ha llegado a ser repudiado recientemente en Italia, que el Papa ha adquirido más poder temporal y que Italia se ha dividido en más estados, por la razón de que muchas de las grandes ciudades se levantaron en armas contra sus nobles, que, antes favorecidos por el emperador, los oprimían, mientras que la Iglesia los favorecía para ganar autoridad en el poder temporal: en muchas otras sus ciudadanos se convirtieron en príncipes. De ahí que Italia cayera en parte en manos de la Iglesia y de las repúblicas, y, estando la Iglesia formada por sacerdotes y la república por ciudadanos poco acostumbrados a las armas, ambas comenzaron a alistar extranjeros.

El primero que dio renombre a esta soldadesca fue Alberigo da Conio,[8] el romano. De la escuela de este hombre surgieron, entre otros, Braccio y Sforza, que en su tiempo fueron los árbitros de Italia. Después de éstos vinieron todos los demás capitanes que hasta ahora han dirigido las armas de Italia; y el final de todo su valor ha sido que ha sido invadida por Carlos, robada por Luis, asolada por Fernando e insultada por los suizos. El principio que les ha guiado ha sido, primero, rebajar el crédito de la infantería para poder aumentar el suyo propio. Hicieron esto porque, al subsistir con su paga y sin territorio, no podían mantener a muchos soldados, y unos pocos de infantería no les daban ninguna autoridad; así que se vieron abocados a emplear la caballería, con una fuerza moderada de la que se mantenían y honraban; y los asuntos llegaron a tal extremo que, en un ejército de veinte mil soldados, no se encontraban dos mil soldados de a pie. Además, utilizaron todas las artes para disminuir la fatiga y el peligro para ellos y sus soldados, no matando en la refriega, sino tomando prisioneros y liberando sin rescate. No atacaban las ciudades por la noche, ni las guarniciones de las ciudades atacaban los campamentos por la noche; no rodeaban el campamento ni con empalizadas ni con fosos, ni hacían campaña en invierno. Todas estas cosas estaban permitidas por sus reglas militares, e ideadas por ellos para evitar, como he dicho, tanto la fatiga como los peligros; así han llevado a Italia a la esclavitud y al desprecio.

[8] Alberigo da Conio. Alberico da Barbiano, conde de Cunio en Romaña. Fue el líder de la famosa "Compañía de San Jorge", compuesta enteramente por soldados italianos. Murió en 1409.

Lo que Concierne a un Príncipe en el Arte de la Guerra

Un príncipe no debe tener otro objetivo o pensamiento, ni seleccionar otra cosa para su estudio, que la guerra y sus reglas y disciplina; porque éste es el único arte que pertenece a quien gobierna, y es de tal fuerza que no sólo sostiene a los que han nacido príncipes, sino que a menudo permite a los hombres ascender desde un puesto privado hasta ese rango. Y, por el contrario, se ve que cuando los príncipes han pensado más en la paz que en la guerra, estos pierden sus estados. Y la primera causa de que lo pierdan es descuidar el arte de la guerra; y lo que permite adquirir un estado es ser maestro del arte. Francesco Sforza, por ser marcial, de persona privada pasó a ser duque de Milán; y los hijos, por evitar las dificultades y los problemas de las armas, de duques pasaron a ser personas privadas. Porque entre otros males que te acarrea el no estar armado, te hace ser despreciado, y ésta es una de esas ignominias contra las que un príncipe debe protegerse, como se demuestra más adelante. Porque no hay nada proporcionado entre los armados y los desarmados; y no es razonable que el que está armado rinda obediencia de buena gana al que está desarmado, o que el desarmado esté seguro entre los sirvientes armados. Porque, habiendo en el uno desprecio y en el otro recelo, no es posible que trabajen bien juntos. Y por ello, un príncipe que no entiende el arte de la guerra, además de las otras desgracias ya mencionadas, no puede ser respetado por sus soldados, ni puede confiar en ellos. Por lo tanto, nunca debe tener fuera de sus pensamientos este tema de la guerra, y en la paz debe dedicarse más a su ejercicio que en la guerra; esto lo puede hacer de dos maneras, la una por la acción, la otra por el estudio.

En cuanto a la acción, debe sobre todo mantener a sus hombres bien organizados y entrenados, seguir entrenando incesantemente, con lo que acostumbra a su cuerpo a las dificultades, y aprende algo de la naturaleza de las localidades, y llega a averiguar cómo se elevan las montañas, cómo se abren los valles, cómo se encuentran las llanuras, y a comprender la naturaleza de los ríos y de las marismas, y en todo esto a tener el mayor cuidado. Este conocimiento es útil de dos maneras. En primer lugar, aprende a conocer su país, y es más capaz de emprender su defensa; después, mediante el conocimiento y la observación de esa localidad, comprende con facilidad cualquier otra que le sea necesario estudiar en lo sucesivo; porque las colinas, los valles y las llanuras, y los ríos y las marismas que hay, por ejemplo, en Toscana, tienen cierto parecido con los de otros países, de modo que con el conocimiento del aspecto de un país se puede llegar fácilmente al conocimiento de otros. Y el príncipe que carece de esta habilidad carece de lo esencial que es deseable que posea un capitán, pues le enseña a sorprender a su enemigo, a seleccionar los cuarteles, a dirigir los ejércitos, a disponer la batalla, a sitiar las ciudades con ventaja.

Filopoemen,[1] príncipe de los aqueos, entre otros elogios que los escritores le han otorgado, es elogiado porque en tiempos de paz nunca tuvo en mente otra cosa que las reglas de la guerra; y cuando estaba en el campo con amigos, a menudo se detenía y razonaba con ellos: "Si el enemigo estuviera en esa colina y nosotros nos encontráramos aquí con nuestro ejército, ¿con quién tendríamos ventaja? ¿Cuál es la mejor manera de avanzar para enfrentarse a el enemigo, manteniendo las filas? Si quisiéramos retirarnos, ¿cómo deberíamos perseguirlo?". Y les exponía, a medida que avanzaba, todas las posibilidades que podían acontecer a un ejército; escuchaba su opinión y exponía la suya, confirmándola con razones, de modo que mediante estas continuas discusiones nunca podría surgir, en tiempo de guerra, ninguna circunstancia inesperada a la que no pudiera hacer frente.

[1] Filopoemen, "el último de los griegos", nacido en el 252 a.C. y muerto en el 183 a.C.

Pero para ejercitar el intelecto el príncipe debe leer historias, y estudiar en ellas las acciones de hombres ilustres, para ver cómo se han comportado en la guerra, para examinar las causas de sus victorias y derrotas, a fin de evitar las segundas e imitar las primeras; y sobre todo hacer como un hombre ilustre, que tomaba como ejemplo a uno que había sido alabado y famoso antes que él, y cuyos logros y hazañas tenía siempre presentes, como se dice que Alejandro Magno imitó a Aquiles, César Alejandro, Escipión Ciro. Y quien lea la vida de Ciro, escrita por Jenofonte, reconocerá después en la vida de Escipión cómo esa imitación fue su gloria, y cómo en castidad, afabilidad, humanidad y liberalidad Escipión se ajustó a las cosas que se han escrito de Ciro por Jenofonte. Un príncipe sabio debería observar algunas de estas reglas, y no quedarse nunca en tiempos de paz sin hacer nada, sino aumentar sus recursos con la industria de tal manera que puedan estar a su disposición en la adversidad, para que si la fortuna se arriesga lo encuentre preparado para resistir sus golpes.

Sobre las Cosas por las que los Hombres, y Especialmente los Príncipes, son Alabados o Culpados

Queda ahora por ver cuáles deberían ser las reglas de conducta de un príncipe hacia sus súbditos y amigos. Y como sé que muchos han escrito sobre este punto, espero que se me considere presuntuoso al mencionarlo de nuevo, especialmente porque al discutirlo me apartaré de los métodos de otras personas. Pero, siendo mi intención escribir algo que sea útil para quien lo aprehenda, me parece más apropiado seguir la verdad real del asunto que la imaginación del mismo; ya que muchos han imaginado repúblicas y principados que en realidad nunca se han conocido ni visto, porque la forma de vivir está tan alejada de cómo se debe vivir, que quien descuida lo que se hace por lo que se debe hacer, antes efectúa su ruina que su preservación; ya que un hombre que desea actuar enteramente a la altura de sus profesiones de virtud pronto se encuentra con lo que lo destruye entre tantas cosas malas.

De ahí que sea necesario que un príncipe que desee mantenerse sepa hacer el mal, y que haga uso de él o no según la necesidad. Por lo tanto, dejando a un lado las cosas imaginarias que conciernen a un príncipe, y discutiendo las que son reales, digo que todos los hombres cuando se habla de ellos, y principalmente los príncipes por estar en una posición más elevada, son notables por algunas de esas cualidades que les acarrean ya sea la culpa o la alabanza; y así es que uno es reputado como liberal, otro como avaro, usando un término toscano; uno se reputa generoso, otro rapaz; uno cruel, otro compasivo; uno infiel, otro fiel; uno afeminado y cobarde, otro audaz y valiente; uno afable, otro altanero; uno lascivo, otro casto; uno sincero, otro astuto; uno duro, otro fácil; uno grave, otro frívolo; uno religioso, otro incrédulo, y similares. Y sé que todo el mundo confesará que sería muy loable en un príncipe exhibir todas las cualidades mencionadas que se consideran buenas; pero como no puede poseerlas ni observarlas por completo, pues las condiciones humanas no lo permiten, es necesario que sea lo suficientemente prudente para que sepa evitar el reproche de aquellos vicios que le harían perder su estado; y también para que se mantenga, si es posible, alejado de aquellos que no se lo harían perder; pero no siendo esto posible, puede abandonarse a ellos con menos vacilación. Y, además, no necesita inquietarse por incurrir en el reproche de aquellos vicios sin los cuales el estado sólo puede salvarse con dificultad, pues si se considera todo cuidadosamente, se encontrará que algo que parece virtud, si se sigue, sería su ruina; mientras que otra cosa, que parece vicio, si se sigue le trae seguridad y prosperidad.

Sobre la Liberalidad y la Mezquindad

Comenzando entonces con la primera de las características mencionadas, digo que sería bueno tener fama de liberal. Sin embargo, la liberalidad ejercida de una manera que no le da reputación, le perjudica; pues si uno la ejerce honestamente y como debe ser ejercida, puede no darse a conocer, y no evitará el reproche de su contrario. Por lo tanto, cualquiera que desee mantener entre los hombres el nombre de liberal está obligado a no evitar ningún atributo de magnificencia; de modo que un príncipe así inclinado consumirá en tales actos todos sus bienes, y se verá obligado al final, si desea mantener el nombre de liberal, a agobiar indebidamente a su pueblo, y a gravarle con impuestos, y a hacer todo lo que pueda para conseguir dinero. Esto pronto lo hará odiado por sus súbditos, y al volverse pobre será poco valorado por cualquiera; así, con su liberalidad, habiendo ofendido a muchos y recompensado a pocos, se ve afectado por la primera molestia y puesto en peligro por cualquiera que sea el primer peligro; reconociendo esto él mismo, y queriendo apartarse de él, corre de inmediato el reproche de ser avaro.

Por lo tanto, un príncipe, no pudiendo ejercer esta virtud de la liberalidad de tal manera que sea reconocida, sino a su costa, si es sabio no debe temer la reputación de ser mezquino, pues con el tiempo llegará a ser más considerado que si fuera liberal, viendo que con su economía sus ingresos son suficientes, que puede defenderse de todos los ataques, y que es capaz de emprender empresas sin cargar a su pueblo; así resulta que ejerce la liberalidad con todos aquellos a los que no quita, que son innumerables, y la mezquindad con aquellos a los que no da, que son pocos.

No hemos visto hacer grandes cosas en nuestro tiempo, excepto por aquellos que han sido considerados mezquinos; los demás han fracasado. Al Papa Julio II le ayudó a llegar al papado una reputación de liberalidad, y sin embargo no se esforzó después por mantenerla, cuando hizo la guerra al Rey de Francia; e hizo muchas guerras sin imponer ningún impuesto extraordinario a sus súbditos, pues suplió sus gastos adicionales con su gran frugalidad. El actual rey de España no habría emprendido ni conquistado en tantas empresas si hubiera tenido fama de liberal. Por lo tanto, un príncipe, siempre que no tenga que robar a sus súbditos, que pueda defenderse, que no se vuelva pobre y abyecto, que no se vea obligado a volverse rapaz, debería tener en cuenta poco la reputación de ser mezquino, pues es uno de esos vicios que le permitirán gobernar.

Y si alguien dijera: César obtuvo el imperio gracias a la liberalidad, y muchos otros han alcanzado las posiciones más altas por haber sido liberales, y por ser considerados así, yo respondo: O bien es un príncipe de hecho, o bien está en vías de serlo. En el primer caso esta liberalidad es peligrosa, en el segundo es muy necesaria para ser considerado liberal; y César fue uno de los que quiso llegar a ser preeminente en Roma; pero si hubiera sobrevivido después de llegar a serlo, y no hubiera moderado sus gastos, habría destruido su gobierno. Y si alguien respondiera: muchos han sido príncipes, y han hecho grandes cosas con los ejércitos, que han sido considerados muy liberales, yo respondo: O bien un príncipe gasta lo que es suyo o de sus súbditos, o bien lo de otros. En el primer caso debe ser parco, en el segundo no debe descuidar ninguna oportunidad de liberalidad. Y para el príncipe que sale con su ejército, apoyándolo con el pillaje, el saqueo y la extorsión, manejando lo que pertenece a otros, esta liberalidad es necesaria, de lo contrario no le seguirían los soldados. Y de lo que no es tuyo ni de tus súbditos puedes ser un dador presto, como lo fueron Ciro, César y Alejandro; porque no te quita la reputación si despilfarras la de los demás, sino que la aumenta; es sólo el despilfarro de la tuya lo que te perjudica.

Y no hay nada que se desperdicie tan rápidamente como la liberalidad, pues incluso mientras la ejerces pierdes el poder de hacerlo, y así te vuelves o bien pobre o despreciado, o bien, al evitar la pobreza, rapaz y odiado. Y un príncipe debe guardarse, por encima de todo, de ser despreciado y odiado; y la liberalidad te lleva a ambas cosas. Por lo tanto, es más sabio tener una reputación de mezquindad que acarrea reproche sin odio, que verse obligado, por buscar una reputación de liberalidad, a incurrir en un nombre de rapacidad que engendra reproche con odio.

Sobre la Crueldad y la Clemencia, y si es Mejor ser Amado que Temido

Pasando a las otras cualidades mencionadas anteriormente, digo que todo príncipe debería desear ser considerado clemente y no cruel. Sin embargo, debe tener cuidado de no abusar de esta clemencia. César Borgia fue considerado cruel; no obstante, su crueldad reconcilió a la Romaña, la unificó y le devolvió la paz y la lealtad. Y si esto se considera correctamente, se verá que fue mucho más misericordioso que los florentinos, quienes, para evitar una reputación de crueldad, permitieron que se destruyera Pistoia. [1] Por lo tanto, un príncipe, mientras mantenga a sus súbditos unidos y leales, no debería importarle el reproche de la crueldad; porque con unos pocos ejemplos será más misericordioso que aquellos que, por exceso de misericordia, permiten que surjan desórdenes, de los que se derivan asesinatos o robos; porque éstos suelen perjudicar a todo el pueblo, mientras que las ejecuciones ofenden sólo al individuo.

[1] Durante los disturbios entre las facciones Cancellieri y Panciatichi en 1502 y 1503.

Y de todos los príncipes, es imposible que el nuevo príncipe evite la imputación de crueldad, debido a que los nuevos estados están llenos de peligros. De ahí que Virgilio, por boca de Dido, excuse la inhumanidad de su reinado por ser nuevo, diciendo

"Res dura, et regni novitas me talia cogunt moliri, et late fines custode tueri"[2].

[2] Contra mi voluntad, mi destino Un trono sin establecer, y un estado infantil, Pídeme que defienda mis reinos con todos mis poderes Y proteja con estas severidades mis costas. Christopher Pitt.

Sin embargo, debe ser lento para creer y actuar, y no debe mostrar temor, sino proceder de manera templada con prudencia y humanidad, para que el exceso de confianza no lo haga incauto y el exceso de desconfianza lo haga intolerable.

Sobre esto surge una pregunta: ¿es mejor ser amado que temido o temido que amado? Puede responderse que uno debería desear ser ambas cosas, pero, dado que es difícil unirlas en una sola persona, es mucho más seguro ser temido que amado, cuando, de los dos, hay que prescindir de alguno. Porque esto es lo que hay que afirmar en general de los hombres, que son ingratos, inconstantes, falsos, cobardes, codiciosos, y mientras tengas éxito son tuyos por completo; te ofrecerán su sangre, su propiedad, su vida y sus hijos, como se ha dicho antes, cuando la necesidad está lejos; pero cuando se acerca se vuelven contra ti. Y aquel príncipe que, confiando enteramente en sus promesas, ha descuidado otras precauciones, está arruinado; porque las amistades que se obtienen por pagos, y no por grandeza o nobleza de ánimo, pueden ciertamente ganarse, pero no están aseguradas, y en tiempos de necesidad no se puede confiar en ellas; y los hombres tienen menos escrúpulos en ofender a quien es amado que a quien se le teme, pues el amor se preserva por el vínculo de la obligación que, debido a la bajeza de los hombres, se rompe en cada oportunidad para su beneficio; pero el miedo te preserva por un temor al castigo que nunca falla.

Sin embargo, un príncipe debe inspirar miedo de tal manera que, si no consigue el amor, evite el odio; porque puede soportar muy bien que le teman mientras no le odien, lo que siempre será mientras se abstenga de la propiedad de sus ciudadanos y súbditos y de sus mujeres. Pero cuando es necesario que proceda contra la vida de alguien, debe hacerlo con la debida justificación y por una razón manifestada, pero sobre todo debe mantener sus manos fuera de la propiedad de los demás, porque los hombres olvidan más rápidamente la muerte de su padre que la pérdida de su patrimonio. Además, nunca faltan pretextos para arrebatar la propiedad, pues quien ha empezado a vivir del robo siempre encontrará pretextos para apoderarse de lo ajeno; pero los motivos para quitar la vida, por el contrario, son más difíciles de encontrar y caducan más pronto. Pero cuando un príncipe está con su ejército, y tiene bajo control a una multitud de soldados, entonces es muy necesario que prescinda de la reputación de crueldad, pues sin ella nunca mantendría a su ejército unido o dispuesto a sus deberes.

Entre las maravillosas hazañas de Aníbal se enumera ésta: que habiendo conducido un enorme ejército, compuesto por muchas y diversas razas de hombres, a luchar en tierras extranjeras, no surgieron disensiones ni entre ellos ni contra el príncipe, ni en su mala ni en su buena fortuna. Esto no se debió a otra cosa que a su crueldad inhumana, que, junto con su valor sin límites, le hizo ser reverenciado y temido a la vista de sus soldados, pero sin esa crueldad, sus otras virtudes no eran suficientes para producir este efecto. Y los escritores miopes admiran sus hazañas desde un punto de vista y desde otro condenan la causa principal de las mismas. Que es cierto que sus otras virtudes no le habrían bastado puede demostrarse con el caso de Escipión, ese hombre tan excelente, no sólo de su época sino dentro de la memoria del hombre, contra el que, sin embargo, su ejército se rebeló en España; esto no se debió a otra cosa que a su excesiva indulgencia, que daba a sus soldados más libertad de la que es compatible con la disciplina militar. Por esto fue reprendido en el Senado por Fabio Máximo, y llamado el corruptor de la soldadesca romana. Un legado de Escipión asoló a los locrianos, pero no fue vengado por él, ni se castigó la insolencia del legado, debido enteramente a su naturaleza fácil. Hasta el punto de que alguien en el Senado, queriendo excusarlo, dijo que había muchos hombres que sabían mucho mejor cómo no equivocarse que corregir los errores de otros. Esta disposición, si hubiera continuado en el mando, habría destruido con el tiempo la fama y la gloria de Escipión; pero, al estar bajo el control del Senado, esta característica perjudicial no sólo se ocultó, sino que contribuyó a su gloria.

Volviendo a la cuestión de ser temido o amado, llego a la conclusión de que, los hombres aman según su propia voluntad y temen según la del príncipe, un príncipe sabio debe establecerse en lo que está bajo su propio control y no en el de los demás; debe esforzarse únicamente por evitar el odio, como se ha señalado.

Sobre la Forma en que los Príncipes deben Mantener la Fe

[1] "El presente capítulo ha ofendido más que cualquier otra parte de los escritos de Maquiavelo". Burd, "Il Principe", p. 297.

Todo el mundo admite lo loable que es en un príncipe mantener la fe, y vivir con integridad y no con astucia. Sin embargo, nuestra experiencia ha sido que aquellos príncipes que han hecho grandes cosas han tenido la buena fe en poca consideración, y han sabido burlar el intelecto de los hombres mediante la astucia, y al final han vencido a los que han confiado en su palabra. Debes saber que hay dos maneras de impugnar,[2] una por la ley, la otra por la fuerza; el primer método es propio de los hombres, el segundo de las bestias; pero como el primero no suele ser suficiente, es necesario recurrir al segundo. Por lo tanto, es necesario que un príncipe entienda cómo servirse de la bestia y del hombre. Esto ha sido enseñado de forma figurada a los príncipes por los escritores antiguos, que describen cómo Aquiles y muchos otros príncipes de la antigüedad fueron entregados al centauro Quirón para que los amamantara, quien los educó en su disciplina; lo que significa únicamente que, al igual que tenían por maestro a uno que era mitad bestia y mitad hombre, es necesario que un príncipe sepa aprovechar ambas naturalezas, y que una sin la otra no es duradera. Por lo tanto, un príncipe, al verse obligado a adoptar la bestia a sabiendas, debe elegir el zorro y el león; porque el león no puede defenderse de las trampas y el zorro no puede defenderse de los lobos. Por lo tanto, es necesario ser un zorro para descubrir las trampas y un león para aterrorizar a los lobos. Los que se limitan a confiar en el león no entienden de qué se trata. Por lo tanto, un señor sabio no puede, ni debe, mantener la fe cuando dicha observancia puede volverse contra él, y cuando las razones que le hicieron prometerla ya no existen. Si los hombres fueran totalmente buenos, este precepto no se sostendría, pero como son malos y no guardan la fe con usted, usted tampoco está obligado a observarla con ellos. Tampoco le faltarán nunca a un príncipe razones legítimas para excusar esta inobservancia. De esto se podrían dar interminables ejemplos modernos, mostrando cuántos tratados y compromisos se han hecho nulos y sin efecto por la falta de fe de los príncipes; y quien mejor ha sabido emplear la zorra ha tenido éxito.

> [2] "Disputando", es decir, "luchando por el dominio". El señor Burd señala que este pasaje está imitado directamente del "De Officiis" de Cicerón: "Nam cum sint duo genera decertandi, unum per disceptationem, alterum per vim; cumque illud proprium sit hominis, hoc beluarum; confugiendum est ad posterius, si uti non licet superiore".

Pero hay que saber disimular bien esta característica, y ser un gran simulador y disimulador; y los hombres son tan simples, y están tan sujetos a las necesidades actuales, que el que busca engañar siempre encontrará a alguien que se deje engañar. Un ejemplo reciente no puedo pasarlo en silencio. Alejandro Sexto no hizo otra cosa que engañar a los hombres, ni nunca pensó en hacer otra cosa, y siempre encontró víctimas; porque nunca hubo un hombre que tuviera mayor poder para afirmar, o que con mayores juramentos afirmara una cosa, y sin embargo la observara menos; no obstante, sus engaños siempre tuvieron éxito según sus deseos,[3] porque entendía bien este lado de la humanidad.

> [3] "Nondimanco sempre gli succederono gli inganni (ad votum)". Las palabras "ad votum" se omiten en la adición de Testina, de 1550.

Alejandro nunca hizo lo que dijo,

Cesare nunca dijo lo que hizo.

~ Proverbio italiano.

Por lo tanto, es innecesario que un príncipe tenga todas las buenas cualidades que he enumerado, pero es muy necesario que parezca tenerlas. Y me atreveré a decir esto también, que tenerlas y usarlas siempre es perjudicial, y que aparentar tenerlas es útil; aparentar ser misericordioso, fiel, humano, religioso, recto, y serlo, pero con una mente tan enmarcada que si requiriese no serlo, pueda y sepa cambiar a lo contrario.

Y tienes que entender esto, que un príncipe, especialmente uno nuevo, no puede tener todas esas cualidades por las que los hombres son estimados, viéndose a menudo obligado, para mantener el estado, a actuar en contra de la fidelidad,[4] la amistad, la humanidad y la religión. Por lo tanto, es necesario que tenga una mente preparada para girar en consecuencia según le obliguen los vientos y las variaciones de la fortuna, pero, como he dicho anteriormente, no desviarse del bien si puede evitarlo, pero, si se ve obligado, entonces saber cómo ponerlo en práctica.

[4] "En contra de la fidelidad" o "fe", "contro alla fede", y "tutto fede", "totalmente fiel", en el párrafo siguiente. Cabe destacar que estas dos frases, "contro alla fede" y "tutto fede", fueron omitidas en la edición de Testina, que se publicó con la sanción de las autoridades papales. Puede ser que el significado atribuido a la palabra "fede" fuera "la fe", es decir, el credo católico, y no como se traduce aquí "fidelidad" y "fiel". Obsérvese que la palabra "religione" se permitió en el texto de la Testina, siendo utilizada para significar indistintamente cualquier matiz de creencia, como testigo de "la religión", una frase inevitablemente empleada para designar la herejía hugonote. South en su Sermón IX, p. 69, ed. 1843, comenta este pasaje como sigue: "Aquel gran patrón y corifeo de esta tribu, Nicolo Machiavel, estableció esto como regla maestra en su esquema político: 'Que la apariencia de la religión era útil para el político, pero la realidad de esta era perjudicial y perniciosa'".

Por esta razón, un príncipe debe tener cuidado de no dejar salir nunca de sus labios nada que no esté repleto de las cinco cualidades mencionadas, para que pueda parecer a quien lo ve y lo escucha totalmente misericordioso, fiel, humano, recto y religioso. No hay nada más necesario para aparentar que esta última cualidad, ya que los hombres juzgan generalmente más por el ojo que por la mano, porque a todos les corresponde verte, a pocos entrar en contacto contigo. Todos ven lo que aparentas ser, pocos saben realmente lo que eres, y esos pocos no se atreven a oponerse a la opinión de los muchos, que tienen la majestad del estado para defenderlos; y en las acciones de todos los hombres, y especialmente de los príncipes, que no es prudente desafiar, se juzga por el resultado.

Por eso, si un príncipe tiene el mérito de conquistar y mantener su estado, los medios siempre se considerarán honestos, y será alabado por todo el mundo; porque el vulgo siempre se deja llevar por lo que una cosa parece ser y por lo que resulta de ella; y en el mundo sólo existe el vulgo, pues los pocos encuentran un lugar en él sólo cuando los muchos no tienen terreno en el que apoyarse.

Un príncipe[5] de la época actual, al que no es bueno nombrar, no predica nunca otra cosa que la paz y la buena fe, y a ambas es sumamente hostil, y cualquiera de ellas, si la hubiera mantenido, le habría privado de reputación y de reino muchas veces.

[5] Fernando de Aragón. "Cuando Maquiavelo escribía El Príncipe habría sido claramente imposible mencionar el nombre de Fernando aquí sin ofender". Burd's "Il Principe", p. 308.

Uno Debe Evitar ser Despreciado y Odiado

Ahora bien, en cuanto a las características de las que se hace mención más arriba, he hablado de las más importantes, de las otras quiero hablar brevemente bajo esta generalidad, que el príncipe debe considerar, como se ha dicho en parte antes, cómo evitar aquellas cosas que le harán ser odiado o despreciable; y siempre que lo haya conseguido habrá cumplido su parte, y no debe temer ningún peligro en otros reproches.

Le hace odiar por encima de todo, como he dicho, ser rapaz, y ser un violador de la propiedad y de las mujeres de sus súbditos, de lo cual debe abstenerse. Y cuando no se tocan ni su propiedad ni su honor, la mayoría de los hombres viven contentos, y él principe sólo tiene que contender con la ambición de unos pocos, a los que puede frenar con facilidad de muchas maneras.

Le hace despreciable ser considerado voluble, frívolo, afeminado, de espíritu mezquino, irresoluto, de todo lo cual un príncipe debe protegerse como de una roca; y debe esforzarse por mostrar en sus acciones grandeza, valor, gravedad y fortaleza; y en su trato privado con sus súbditos debe mostrar que sus juicios son irrevocables, y mantenerse con tal reputación que nadie pueda esperar ni engañarlo ni burlarlo.

Es muy estimado aquel príncipe que transmite esta impresión de sí mismo, y quien es muy estimado no es fácil de conspirar contra él; pues, siempre que se sepa que es un hombre excelente y venerado por su pueblo, sólo puede ser atacado con dificultad. Por esta razón, un príncipe debe tener dos temores, uno desde dentro, a causa de sus súbditos, y otro desde fuera, a causa de los poderes externos. De estos últimos se defiende estando bien armado y teniendo buenos aliados, y si está bien armado tendrá buenos amigos, y los asuntos siempre permanecerán tranquilos en el interior cuando estén tranquilos en el exterior, a menos que ya hayan sido perturbados por una conspiración; e incluso si los asuntos en el exterior están perturbados, si ha llevado a cabo sus preparativos y ha vivido como he dicho, mientras no desespere, resistirá todos los ataques, como he dicho que hizo Nabis el espartano.

Pero en lo que respecta a sus súbditos, cuando los asuntos del exterior se ven perturbados, sólo tiene que temer que conspiren en secreto, de lo cual un príncipe puede asegurarse fácilmente evitando ser odiado y despreciado, y manteniendo al pueblo satisfecho con él, lo cual es muy necesario que logre, como dije anteriormente en detalle. Y uno de los remedios más eficaces que puede tener un príncipe contra las conspiraciones es no ser odiado y despreciado por el pueblo, pues quien conspira contra un príncipe siempre espera complacerlo con su destitución; pero cuando el conspirador sólo puede esperar ofenderlo, no tendrá el coraje de tomar ese camino, pues las dificultades que enfrenta un conspirador son infinitas. Y como muestra la experiencia, muchas han sido las conspiraciones, pero pocas han tenido éxito; porque el que conspira no puede actuar solo, ni puede tomar un compañero excepto de aquellos que cree que son descontentos, y tan pronto como usted ha abierto su mente a un descontento le ha dado el material con el que contentarse, ya que denunciándole a usted puede buscar cualquier ventaja; de modo que, viendo que la ganancia de este curso está asegurada, y viendo que el otro es dudoso y está lleno de peligros, debe ser un amigo muy raro, o un enemigo completamente obstinado del príncipe, para mantener la fe en usted.

Y, para reducir el asunto a un pequeño compás, digo que, del lado del conspirador, no hay nada más que el miedo, los celos, la perspectiva del castigo para aterrorizarlo; pero del lado del príncipe está la majestad del principado, las leyes, la protección de los amigos y el estado para defenderlo; de modo que, añadiendo a todas estas cosas la buena voluntad popular, es imposible que alguien sea tan imprudente como para conspirar.

Porque mientras que en general el conspirador tiene que temer antes de la ejecución de su complot, en este caso tiene que temer también la secuela del crimen; porque a causa de ello tiene al pueblo por enemigo, y así no puede esperar ninguna escapatoria.

Se podrían dar infinitos ejemplos sobre este tema, pero me contentaré con uno, que se ha producido en la memoria de nuestros padres. Messer Annibale Bentivogli, que era príncipe en Bolonia (abuelo del actual Annibale), habiendo sido asesinado por los Canneschi, que habían conspirado contra él, no sobrevivió ni uno solo de su familia sino Messer Giovanni,[1] aún un niño: inmediatamente después de su asesinato el pueblo se levantó y asesinó a todos los Canneschi. Esto se debió a la buena voluntad popular de la que gozaba la casa de Bentivogli en aquellos días en Bolonia; que era tan grande que, aunque después de la muerte de Annibale no quedaba allí nadie capaz de gobernar el estado, los boloñeses, al tener información de que había uno de la familia Bentivogli en Florencia, que hasta entonces había sido considerado hijo de un herrero, enviaron a Florencia a buscarlo y le dieron el gobierno de su ciudad, y ésta fue gobernada por él hasta que Messer Giovanni llegó a su debido tiempo al gobierno.

[1] Giovanni Bentivogli, nacido en Bolonia en 1438, murió en Milán en 1508. Gobernó Bolonia de 1462 a 1506. La enérgica condena de Maquiavelo a las conspiraciones puede provenir de su propia y muy reciente experiencia (febrero de 1513), cuando fue arrestado y torturado por su supuesta complicidad en la conspiración de los Boscoli.

Por esta razón, considero que un príncipe debe considerar las conspiraciones de poca importancia cuando su pueblo lo estima; pero cuando le es hostil y le profesa odio, debe temer todo y a todos. Y los estados bien ordenados y los príncipes sabios han tenido todo el cuidado de no llevar a los nobles a la desesperación, y de mantener al pueblo satisfecho y contento, pues éste es uno de los objetivos más importantes que puede tener un príncipe.

Entre los reinos mejor ordenados y gobernados de nuestros tiempos se encuentra Francia, y en ella se encuentran muchas buenas instituciones de las que dependen la libertad y la seguridad del rey; de ellas, la primera es el parlamento y su autoridad, porque quien fundó el reino, conociendo la ambición de la nobleza y su audacia, consideró que sería necesario un mordisco a sus bocas para contenerlos; y, por otra parte, conociendo el odio del pueblo, fundado en el miedo, contra los nobles, deseaba protegerlos, pero no deseaba que esto fuera el cuidado particular del rey; por lo tanto, para quitarle el reproche al que se expondría por parte de los nobles por favorecer al pueblo, y del pueblo por favorecer a los nobles, estableció un árbitro, que debería ser uno que pudiera golpear a los grandes y favorecer a los menores sin reproche para el rey. Tampoco se podía tener un arreglo mejor o más prudente, o una mayor fuente de seguridad para el rey y el reino. De esto se desprende otra conclusión importante, que los príncipes deben dejar los asuntos de reproche a la gestión de otros, y mantener los de gracia en sus propias manos. Y, además, considero que un príncipe debe cuidar a los nobles, pero no para hacerse odiar por el pueblo.

Puede parecer, tal vez, a algunos que han examinado las vidas y las muertes de los emperadores romanos que muchos de ellos serían un ejemplo contrario a mi opinión, ya que algunos de ellos vivieron noblemente y mostraron grandes cualidades de alma, sin embargo, perdieron su imperio o fueron asesinados por súbditos que conspiraron contra ellos. Deseando, por tanto, responder a estas objeciones, recordaré los caracteres de algunos de los emperadores, y mostraré que las causas de su ruina no fueron diferentes a las alegadas por mí; al mismo tiempo, sólo someteré a consideración aquello que es digno de mención para quien estudia los asuntos de aquellos tiempos.

Me parece suficiente tomar todos aquellos emperadores que sucedieron al imperio desde Marco el filósofo hasta Maximino; fueron Marco y su hijo Cómodo, Pertinax, Juliano, Severo y su hijo Antonino Caracalla, Macrino, Heliogábalo, Alejandro y Maximino.

En primer lugar hay que señalar que, mientras que en otros principados sólo hay que luchar contra la ambición de los nobles y la insolencia del pueblo, los emperadores romanos tenían una tercera dificultad al tener que soportar la crueldad y la avaricia de sus soldados, un asunto tan cargado de dificultades que fue la ruina de muchos; ya que era difícil dar satisfacción tanto a los soldados como al pueblo; porque el pueblo amaba la paz, y por esta razón quería al príncipe sin aspiraciones expansionistas, mientras que los soldados amaban al príncipe guerrero que era audaz, cruel y rapaz, cualidades que estaban muy dispuestos a que ejerciera sobre el pueblo, para poder obtener una paga doble y dar rienda suelta a su propia codicia y crueldad. De ahí que siempre fueran derrocados aquellos emperadores que, por nacimiento o por formación, no tenían gran autoridad, y la mayoría de ellos, especialmente los que llegaban jovenes al principado, reconociendo la dificultad de estos dos deseos opuestos, se inclinaban por dar satisfacción a los soldados, importándoles poco perjudicar al pueblo. Este proceder era necesario, porque, como los príncipes no pueden evitar ser odiados por alguien, deben, en primer lugar, evitar ser odiados por todos, y cuando no pueden conseguirlo, deben esforzarse con la mayor diligencia para evitar el odio de los más poderosos. Por lo tanto, aquellos emperadores que, por su inexperiencia, necesitaban un favor especial, se adhirieron más fácilmente a los soldados que al pueblo; un curso que resultó ventajoso para ellos o no, según el príncipe supiera mantener la autoridad sobre ellos.

De estas causas surgió que Marco, Pertinax y Alejandro, siendo todos ellos hombres de vida modesta, amantes de la justicia, enemigos de la crueldad, humanos y benignos, tuvieran un triste final, excepto Marco; sólo él vivió y murió honrado, porque había sucedido al trono por título hereditario, y no debía nada ni a los soldados ni al pueblo; y después, al estar dotado de muchas virtudes que le hacían ser respetado, mantuvo siempre ambos órdenes en su lugar mientras vivió, y no fue ni odiado ni despreciado.

Pero Pertinax fue creado emperador en contra de los deseos de los soldados, que, acostumbrados a vivir licenciosamente bajo el mandato de Cómodo, no podían soportar la vida honesta a la que Pertinax quería reducirlos; así, habiendo dado motivos para el odio, al que se añadió el desprecio por su vejez, fue derrocado al principio de su administración. Y aquí hay que señalar que el odio se adquiere tanto por las buenas obras como por las malas, por lo que, como dije antes, un príncipe que desea conservar su estado se ve muy a menudo obligado a hacer el mal; pues cuando se corrompe ese cuerpo del que crees necesitar para mantenerte - puede ser el pueblo o los soldados o los nobles- tienes que someterte a sus humores y gratificarlos, y entonces las buenas obras te harán daño.

Pero lleguemos a Alejandro, que fue un hombre de tan gran bondad, que entre las otras alabanzas que se le conceden está ésta, que en los catorce años que ostentó el imperio nadie fue ajusticiado por él sin ser juzgado; sin embargo, al ser considerado afeminado y un hombre que se dejaba gobernar por su madre, llegó a ser despreciado, el ejército conspiró contra él y lo asesinó.

Pasando ahora a los caracteres opuestos de Cómodo, Severo, Antonino Caracalla y Maximino, todos fueron crueles y rapaces, hombres que, para satisfacer a sus soldados, no dudaron en cometer todo tipo de iniquidades contra el pueblo; y todos, excepto Severo, tuvieron un mal final; pero en Severo había tanto valor que, manteniendo a los soldados amistosos, aunque el pueblo se viera oprimido por él, reinó con éxito; pues su valor le hizo ser tan admirado a la vista de los soldados y del pueblo que estos últimos se mantuvieron en cierto modo asombrados y maravillados y los soldados respetuosos y satisfechos. Y puesto que las acciones de este hombre, como nuevo príncipe, fueron grandes, quiero mostrar brevemente que sabía bien cómo falsificar a la zorra y al león, cuyas naturalezas, como he dicho anteriormente, es necesario que un príncipe imite.

Conociendo la pereza del emperador Juliano, persuadió al ejército de Eslavonia, del que era capitán, de que sería correcto ir a Roma y vengar la muerte de Pertinax, que había sido asesinado por los soldados pretorianos; y con este pretexto, sin parecer que aspiraba al trono, movió el ejército sobre Roma, y llegó a Italia antes de que se supiera que había partido. A su llegada a Roma, el Senado, por miedo, lo eligió emperador y mató a Juliano. Después de esto, quedaban para Severo, que deseaba hacerse dueño de todo el imperio, dos dificultades; una en Asia, donde Níger, jefe del ejército asiático, se había hecho proclamar emperador; la otra en el oeste, donde estaba Albino, que tamb1én aspiraba al trono. Y como consideraba peligroso declararse hostil a ambos, decidió atacar a Níger y engañar a Albino. A este último le escribió que, habiendo sido elegido emperador por el Senado, estaba dispuesto a compartir esa dignidad con él y le envió el título de César; y, además, que el Senado había hecho a Albino su colega; cosas que fueron aceptadas por Albino como ciertas. Pero después de que Severo hubiera conquistado y matado a Níger, y resuelto los asuntos orientales, regresó a Roma y se quejó al Senado de que Albino, sin reconocer los beneficios que había recibido de él, había intentado asesinarlo a traición, y por esta ingratitud se vio obligado a castigarlo. Después lo buscó en Francia y le arrebató el gobierno y la vida. Por lo tanto, quien examine cuidadosamente las acciones de este hombre, encontrará que era un león muy valiente y un zorro muy astuto; encontrará que era temido y respetado por todos, y que no era odiado por el ejército; y no hay que extrañarse de que él, un hombre joven, fuera capaz de sostener tan bien el imperio, porque su supremo renombre lo protegió siempre de ese odio que el pueblo podría haber concebido contra él por su violencia.

Pero su hijo Antonino era un hombre muy eminente, y tenía cualidades excelentes, que lo hacían admirable a la vista del pueblo y aceptable para los soldados, pues era un hombre guerrero, muy resistente a la fatiga, despreciador de toda comida delicada y de otros lujos, lo que hizo que fuera querido por los ejércitos. Sin embargo, su ferocidad y sus crueldades eran tan grandes e inauditas que, tras un sinfín de asesinatos individuales, mató a un gran número de personas de Roma y a todas las de Alejandría. Llegó a ser odiado por todo el mundo, y también temido por los que tenía a su alrededor, hasta tal punto que fue asesinado en medio de su ejército por un centurión. Y aquí hay que señalar que este tipo de muertes, que se infligen deliberadamente con un valor resuelto y desesperado, no pueden ser evitadas por los príncipes, porque cualquiera que no tema morir puede infligirlas; pero un príncipe puede temerlas menos porque son muy raras; sólo tiene que tener cuidado de no hacer ningún daño grave a los que emplea o tiene a su alrededor en el servicio del Estado. Antonino no había tenido este cuidado, sino que había matado contumazmente a un hermano de ese centurión, al que también amenazaba a diario, pero que conservaba en su guardia personal; lo cual, como resultó, fue una imprudencia, y resultó la ruina del emperador.

Pero lleguemos a Cómodo, a quien debería haber sido muy fácil mantener el imperio, ya que, siendo hijo de Marco, lo había heredado, y sólo tenía que seguir los pasos de su padre para complacer a su pueblo y a sus soldados; pero, siendo por naturaleza cruel y brutal, se entregó a divertir a los soldados y a corromperlos, para poder dar rienda suelta a su rapacidad con el pueblo; por otra parte, al no mantener su dignidad, bajando a menudo al teatro para competir con los gladiadores, y haciendo otras cosas viles, poco dignas de la majestad imperial, cayó en el desprecio de los soldados, y siendo odiado por una parte y despreciado por la otra, fue conspirado y asesinado.

Queda por hablar del carácter de Maximino. Era un hombre muy belicoso, y los ejércitos, disgustados por el afeminamiento de Alejandro, del que ya he hablado, lo mataron y eligieron a Maximino para el trono. Éste no lo poseyó durante mucho tiempo, pues dos cosas le hicieron ser odiado y despreciado; una, el haber guardado ovejas en Tracia, lo que le valió el desprecio (era bien conocido por todos, y considerado una gran indignidad por todos), y la otra, el haber aplazado, al acceder a sus dominios, el ir a Roma y tomar posesión de la sede imperial; También se había ganado una reputación de máxima ferocidad al haber practicado, a través de sus prefectos en Roma y en otras partes del imperio, muchas crueldades, de modo que el mundo entero se sintió movido a la ira por la mezquindad de su nacimiento y al temor por su barbarie. Primero se rebeló África, luego el Senado con todo el pueblo de Roma y toda Italia conspiraron contra él, a lo que puede añadirse su propio ejército; este último, al sitiar Aquilea y encontrar dificultades para tomarla, se disgustó con sus crueldades, y temiéndole menos al encontrar tantos en su contra, lo asesinó.

No quiero hablar de Heliogábalo, Macrino o Juliano, quienes, siendo totalmente despreciables, fueron rápidamente eliminados; pero concluiré este discurso diciendo que los príncipes de nuestros tiempos tienen esta dificultad de dar una satisfacción desmesurada a sus soldados en un grado mucho menor, porque, a pesar de que hay que darles alguna indulgencia, eso se hace pronto; ninguno de estos príncipes tiene ejércitos veteranos en el gobierno y la administración de las provincias, como lo eran los ejércitos del Imperio Romano; y mientras que entonces era más importante dar satisfacción a los soldados que al pueblo, ahora es necesario para todos los príncipes, excepto el Turco y el Sultán[2], satisfacer al pueblo antes que a los soldados, porque el pueblo es el más poderoso.

[2] Lo más probable es que el sultán al que se refiere Nicolás Maquiavelo es al Sultanato Mameluco de Egipto.

De lo anterior he exceptuado al Turco, que siempre mantiene a su alrededor doce mil soldados de infantería y quince mil de caballería de los que dependen la seguridad y la fuerza del reino, y es necesario que, dejando de lado toda consideración por el pueblo, lo mantenga como amigo. El reino del Sultán es similar; estando enteramente en manos de los soldados, se deduce de nuevo que, sin tener en cuenta al pueblo, debe mantenerlos como sus amigos. Pero debes notar que el Reino del Sultán es diferente a todos los demás principados, por la razón de que es como el pontificado cristiano, que no puede llamarse ni hereditario ni principado de nueva creación; porque los hijos del antiguo príncipe no son los herederos, sino aquel que es elegido para ese cargo por los que tienen autoridad, y los hijos siguen siendo sólo nobles. Y siendo esta una costumbre antigua, no puede llamarse un principado nuevo, porque no hay en él ninguna de esas dificultades que se encuentran en los nuevos; porque aunque el príncipe es nuevo, la constitución del estado es antigua, y está enmarcada para recibirlo como si fuera su señor hereditario.

Pero volviendo al tema de nuestro discurso, digo que quien lo considere reconocerá que el odio o el desprecio han sido fatales para los emperadores mencionados, y se reconocerá también cómo sucedió que, actuando varios de ellos de una manera y otros de otra, sólo uno de cada manera llegó a un final feliz y el resto a uno infeliz. Porque habría sido inútil y peligroso para Pertinax y Alejandro, siendo príncipes nuevos, imitar a Marco, que era el heredero del principado; y del mismo modo habría sido totalmente destructivo para Caracalla, Cómodo y Maximino haber imitado a Severo, ya que no tenían suficiente valor para poder seguir sus pasos. Por lo tanto, un príncipe, nuevo en el principado, no puede imitar las acciones de Marco, ni tampoco es necesario que siga las de Severo, sino que debe tomar de Severo aquellas partes que son necesarias para fundar su estado, y de Marco aquellas que son propias y gloriosas para mantener un estado que ya sea estable y firme.

¿Son Ventajosas o Perjudiciales las Fortalezas y Muchas Otras Cosas A las Que los Príncipes Suelen Recurrir?

1. Algunos príncipes, para mantener la seguridad del estado, han desarmado a sus súbditos; otros han mantenido a sus pueblos súbditos distraídos por las facciones; otros han fomentado las enemistades contra ellos mismos; otros se han dispuesto a ganar sobre aquellos de los que desconfiaban al principio de sus gobiernos; algunos han construido fortalezas; otros las han derribado y destruido. Y aunque no se puede dar un juicio final sobre todas estas cosas a menos que se posean los detalles de esos estados en los que hay que tomar una decisión, sin embargo, hablaré tan ampliamente como el asunto en sí mismo lo admita.

2. Nunca ha habido un nuevo príncipe que haya desarmado a sus súbditos; más bien, cuando los ha encontrado desarmados, siempre los ha armado, porque, al armarlos, esas armas se convierten en tuyas, los hombres que eran desconfiados se vuelven fieles, y los que eran fieles se mantienen así, y tus súbditos se convierten en tus adherentes. Y aunque no se puede armar a todos los súbditos, cuando se beneficia a aquellos a los que se arma, los demás pueden manejarse con más libertad, y esta diferencia de trato, que ellos comprenden perfectamente, hace que los primeros sean tus dependientes, y los segundos, considerando necesario que los que tienen más peligro y servicio tengan más recompensa, te disculpan. Pero cuando los desarmas, los ofendes de inmediato al mostrar que desconfías de ellos, ya sea por cobardía o por falta de lealtad, y cualquiera de estas opiniones engendra odio contra ti. Y como no puedes permanecer desarmado, resulta que recurres a mercenarios, que son del carácter ya mostrado; aunque fueran buenos no serían suficientes para defenderte contra enemigos poderosos y

súbditos desconfiados. Por eso, como he dicho, un nuevo príncipe en un nuevo principado siempre ha repartido armas. Las historias están llenas de ejemplos. Pero cuando un príncipe adquiere un nuevo estado, que añade como provincia al antiguo, entonces es necesario desarmar a los hombres de ese estado, excepto a los que han sido sus adherentes al adquirirlo; y éstos, de nuevo, con el tiempo y la oportunidad, deben ablandarse y afeminarse; y los asuntos deben manejarse de tal manera que todos los hombres armados del estado sean sus propios soldados que en su antiguo estado vivían cerca de usted.

3. Nuestros antepasados, y los que se consideraban sabios, solían decir que era necesario mantener Pistoia por medio de facciones y Pisa por medio de fortalezas; y con esta idea fomentaban las disputas en algunas de sus ciudades tributarias para mantener la posesión de las mismas con mayor facilidad. Esto puede haber estado bastante bien en aquellos tiempos en los que Italia estaba en cierto modo equilibrada, pero no creo que pueda aceptarse como precepto para hoy en día, porque no creo que las facciones puedan ser nunca útiles; más bien es cierto que cuando el enemigo se te echa encima en ciudades divididas estás rápidamente perdido, porque la parte más débil siempre ayudará a las fuerzas exteriores y la otra no podrá resistir. Los venecianos, movidos, según creo, por las razones anteriores, fomentaron las facciones güelfas y gibelinas en sus ciudades tributarias; y aunque nunca permitieron que llegaran al derramamiento de sangre, sí alimentaron estas disputas entre ellos, para que los ciudadanos, distraídos por sus diferencias, no se unieran contra ellos. Lo cual, como vimos, no resultó después como se esperaba, porque, tras la derrota de Vaila, una parte se animó enseguida y se apoderó del estado. Tales métodos argumentan, por lo tanto, debilidad en el príncipe, porque estas facciones nunca se permitirán en un principado vigoroso; tales métodos para permitirle a uno manejar más fácilmente a los súbditos sólo son útiles en tiempos de paz, pero si llega la guerra esta política resulta falaz.

4. Sin duda, los príncipes se hacen grandes cuando superan las dificultades y los obstáculos a los que se enfrentan, y por lo tanto la fortuna, especialmente cuando desea hacer grande a un nuevo príncipe, que tiene una mayor necesidad de ganarse el renombre que un heredero, hace que surjan enemigos y formen designios contra él, para que tenga la oportunidad de superarlos, y por ellos subir más alto, como por una escalera que sus enemigos han levantado. Por esta razón, muchos consideran que un príncipe sabio, cuando tiene la oportunidad, debe fomentar con astucia alguna animosidad contra sí mismo, para que, habiéndola aplastado, su renombre se eleve más.

5. Los príncipes, especialmente los nuevos, han encontrado más fidelidad y ayuda en aquellos hombres que al principio de su gobierno eran objeto de desconfianza que entre los que al principio eran de confianza. Pandolfo Petrucci, príncipe de Siena, gobernó su estado más por aquellos de los que se había desconfiado que por otros. Pero sobre esta cuestión no se puede hablar de forma general, ya que varía mucho con el individuo; sólo diré esto, que aquellos hombres que al principio de un principado han sido hostiles, si son de una clase que necesita ayuda para mantenerse, siempre pueden ser ganados con la mayor facilidad, y se mantendrán firmemente para servir al príncipe con fidelidad, ya que saben que es muy necesario que cancelen con hechos la mala impresión que se había formado de ellos; y así el príncipe siempre saca más provecho de ellos que de aquellos que, sirviéndole con demasiada seguridad, pueden descuidar sus asuntos. Y ya que el asunto lo exige, no debo dejar de advertir a un príncipe, que por medio de favores secretos ha adquirido un nuevo estado, que debe considerar bien las razones que indujeron a aquellos que lo favorecieron a hacerlo; y si no es un afecto natural hacia él, sino sólo descontento con su gobierno, entonces sólo los mantendrá amistosos con grandes problemas y dificultades, pues será imposible satisfacerlos. Y sopesando bien las razones de esto en los ejemplos que se pueden tomar de los asuntos antiguos y modernos, encontraremos que es más fácil

para el príncipe hacerse amigo de aquellos hombres que estaban contentos bajo el gobierno anterior, y que por lo tanto son sus enemigos, que de aquellos que, estando descontentos con él, le eran favorables y le animaron a tomarlo.

6. Ha sido costumbre de los príncipes, con el fin de mantener sus estados más seguros, construir fortalezas que sirvan de freno y mordisco a los que pudieran diseñar trabajar contra ellos, y como lugar de refugio ante un primer ataque. Alabo este sistema porque ya se ha hecho uso de él anteriormente. No obstante, en nuestros tiempos se ha visto a Messer Nicolo Vitelli demoler dos fortalezas en Citta di Castello para poder conservar ese estado; Guido Ubaldo, duque de Urbino, al regresar a su dominio, del que había sido expulsado por César Borgia, arrasó con todas las fortalezas de esa provincia, y consideró que sin ellas sería más difícil perderla; los Bentivogli al regresar a Bolonia llegaron a una decisión similar. Las fortalezas, por tanto, son útiles o no según las circunstancias; si te hacen bien en un sentido te perjudican en otro. Y esta cuestión puede razonarse así: el príncipe que tiene más que temer del pueblo que de los extranjeros debe construir fortalezas, pero el que tiene más que temer de los extranjeros que del pueblo debe dejarlas en paz. El castillo de Milán, construido por Francesco Sforza, ha causado y causará más problemas a la casa de Sforza que cualquier otro desorden del estado. Por esta razón, la mejor fortaleza posible es no ser odiado por el pueblo, ya que, aunque tengáis las fortalezas, no os salvarán si el pueblo os odia, pues nunca faltarán extranjeros que ayuden a un pueblo que ha tomado las armas contra vosotros. No se ha visto en nuestros tiempos que tales fortalezas hayan sido de utilidad para ningún príncipe, a no ser para la condesa de Forli,[1] cuando el conde Girolamo, su consorte, fue asesinado; pues por ese medio pudo resistir el ataque popular y esperar la ayuda de Milán, y así recuperar su estado; y la postura de los asuntos era tal en ese momento que los extranjeros no podían asistir al pueblo. Pero las fortalezas tuvieron poco valor para ella después, cuando César Borgia la

atacó, y cuando el pueblo, su enemigo, se alió con los extranjeros. Por lo tanto, habría sido más seguro para ella, tanto entonces como antes, no ser odiada por el pueblo que tener las fortalezas. Consideradas todas estas cosas, alabaré tanto al que construye fortalezas como al que no lo hace, y culparé a quien, confiando en ellas, se preocupa poco de ser odiado por el pueblo.

[1] Catalina Sforza, hija de Galeazzo Sforza y Lucrecia Landriani, nacida en 1463 y fallecida en 1509. Fue a la condesa de Forli a quien Maquiavelo fue enviado en 1499. Una carta de Fortunati a la condesa anuncia el nombramiento: "He estado con los signori", escribió Fortunati, "para saber a quién enviarían y cuándo. Me dicen que Nicolo Machiavelli, un joven y erudito noble florentino, secretario de mis Señores de los Diez, debe partir conmigo de inmediato". Cf. "Catalina Sforza", del Conde Pasolini, traducido por P. Sylvester, 1898.

Cómo Debe Comportarse un Príncipe para Ganar Renombre

Nada hace que un príncipe sea tan estimado como las grandes empresas y dar un buen ejemplo. Tenemos en nuestro tiempo a Fernando de Aragón, el actual rey de España. Casi se le puede llamar un nuevo príncipe, porque ha pasado, por la fama y la gloria, de ser un rey insignificante a ser el rey más importante de la cristiandad; y si consideráis sus hazañas las encontraréis todas grandes y algunas extraordinarias. Al principio de su reinado atacó Granada, y esta empresa fue la base de sus dominios. Lo hizo tranquilamente al principio y sin temor a ningún obstáculo, pues mantuvo las mentes de los barones de Castilla ocupadas en pensar en la guerra y sin anticipar ninguna innovación; así no percibieron que por estos medios estaba adquiriendo poder y autoridad sobre ellos. Pudo con el dinero de la Iglesia y del pueblo sostener sus ejércitos, y con esa larga guerra sentar las bases de la destreza militar que le ha distinguido desde entonces. Además, utilizando siempre la religión como argumento para emprender mayores planes, se dedicó con piadosa crueldad a expulsar y limpiar su reino de los moros; no puede haber un ejemplo más admirable, ni más raro. Bajo este mismo manto asaltó África, se abatió sobre Italia, ha atacado finalmente a Francia; y así sus logros y designios han sido siempre grandes, y han mantenido las mentes de su pueblo en suspenso y admiradas y ocupadas con el asunto de los mismos. Y sus acciones han surgido de tal manera, una a partir de la otra, que a los hombres nunca les ha dado tiempo a trabajar firmemente contra él.

Además, ayuda mucho a un príncipe dar ejemplos inusuales en los asuntos internos, similares a los que se relatan de Messer Bernabo da Milano, quien, cuando tenía la oportunidad, por cualquier persona en la vida civil que hiciera alguna cosa extraordinaria, ya sea buena o mala, tomaba algún método para recompensarlo o castigarlo, del que se hablaba mucho. Y un príncipe debe, por encima de todas las cosas, esforzarse siempre en cada acción por ganarse la reputación de ser un hombre grande y notable.

También se respeta a un príncipe cuando es un verdadero amigo o un franco enemigo, es decir, cuando, sin ninguna reserva, se declara a favor de una parte contra la otra; este proceder siempre será más ventajoso que mantenerse neutral; porque si dos de sus poderosos vecinos llegan a las manos, son de tal carácter que, si uno de ellos vence, hay que temerle o no. En cualquiera de los dos casos, siempre será más ventajoso para usted declararse y hacer la guerra enérgicamente; porque, en el primer caso, si no se declara, caerá invariablemente presa del conquistador, para placer y satisfacción de quien ha sido conquistado, y no tendrá razones que ofrecer, ni nada que le proteja o ampare. Porque el que conquista no quiere amigos dudosos que no le ayuden en el momento de la prueba; y el que pierde no os acogerá porque no hayáis querido, espada en mano, cortejar su destino.

Antíoco se adentró en Grecia, mandado a buscar por los Ætolios para expulsar a los romanos. Envió enviados a los aqueos, que eran amigos de los romanos, exhortándoles a permanecer neutrales; y por otro lado los romanos les instaron a tomar las armas. Esta cuestión llegó a discutirse en el consejo de los aqueos, donde el legado de Antíoco les instó a mantenerse neutrales. A esto respondió el legado romano: "En cuanto a lo que se ha dicho, de que es mejor y más ventajoso para vuestro estado no interferir en nuestra guerra, nada puede ser más erróneo; porque al no interferir os quedaréis, sin favor ni consideración, a la guerrilla del conquistador". Así sucederá siempre que quien no es tu amigo te exigirá tu neutralidad, mientras que quien es tu amigo te rogará que te declares con las armas. Y los príncipes irresolutos, para evitar los peligros actuales, suelen seguir el camino de la neutralidad, y generalmente se arruinan. Pero cuando un príncipe se declara galantemente a favor de un bando, si la parte con la que se alía vence, aunque el vencedor sea poderoso y lo tenga a su merced, sin embargo está en deuda con él, y se establece un vínculo de amistad; y los hombres nunca son tan desvergonzados como para convertirse en un monumento de ingratitud al oprimirle. Las victorias, después de todo, nunca son tan completas como para que el vencedor no deba mostrar alguna consideración, especialmente hacia la justicia. Pero si aquel con el que te alías pierde, puedes ser protegido por él, y mientras sea capaz puede ayudarte, y os convertís en compañeros de una fortuna que puede volver a surgir.

En el segundo caso, cuando los que luchan son de tal carácter que no tienes ninguna inquietud por saber quién puede vencer, tanto más prudente es aliarse, porque asistes a la destrucción de uno con la ayuda de otro que, si hubiera sido sabio, lo habría salvado; y venciendo, como es imposible que no lo haga con tu ayuda, queda a tu discreción. Y aquí hay que tener en cuenta que un príncipe debe tener cuidado de no hacer nunca una alianza con uno más poderoso que él con el fin de atacar a otros, a menos que la necesidad le obligue, como se ha dicho anteriormente; porque si conquista estáis a su discreción, y los príncipes deben evitar en lo posible estar a la discreción de cualquiera. Los venecianos se unieron a Francia contra el duque de Milán, y esta alianza, que causó su ruina, podría haberse evitado. Pero cuando no se puede evitar, como les ocurrió a los florentinos cuando el Papa y España enviaron ejércitos para atacar Lombardía, entonces en tal caso, por las razones mencionadas, el príncipe debe favorecer a una de las partes.

Que ningún gobierno se imagine que puede elegir cursos perfectamente seguros; más bien que espere tener que tomar cursos muy dudosos, porque se encuentra en los asuntos ordinarios que nunca se busca evitar un problema sin tropezar con otro; pero la prudencia consiste en saber distinguir el carácter de los problemas, y para elegir tomar el mal menor.

Un príncipe también debe mostrarse como un mecenas de la habilidad, y honrar a los competentes en todas las artes. Al mismo tiempo, debe animar a sus ciudadanos a que practiquen sus oficios de forma pacífica, tanto en el comercio como en la agricultura, y en cualquier otro ámbito, de modo que uno no se vea disuadido de mejorar sus posesiones por temor a que se las quiten, ni otro de abrir el comercio por miedo a los impuestos; sino que el príncipe debe ofrecer recompensas a quien desee hacer estas cosas y se proponga honrar de algún modo a su ciudad o estado.

Además, debe agasajar al pueblo con festivales y espectáculos en las épocas convenientes del año; y como toda ciudad está dividida en gremios o en sociedades,[1] debe tener en estima a esos organismos y asociarse con ellos a veces, y mostrarse como un ejemplo de cortesía y liberalidad; no obstante, manteniendo siempre la majestad de su rango, por lo que nunca debe consentir en disminuir en nada.

[1] "Gremios o sociedades", "in arti o in tribu". "Arti" eran gremios artesanales o comerciales, cf. Florio: "Arte . . una sociedad de cualquier oficio en cualquier ciudad o pueblo de la corporación". Los gremios de Florencia son descritos de forma admirable por el señor Edgcumbe Staley en su obra sobre el tema (Methuen, 1906). Instituciones de carácter algo similar, llamadas "artel", existen hoy en día en Rusia, cf. la obra de Sir Mackenzie Wallace "Russia", ed. 1905: "Los hijos . . eran siempre, durante la temporada de trabajo, miembros de un artel. En algunas de las ciudades más grandes hay arteles de un tipo mucho más complejo: asociaciones permanentes, que poseen un gran capital y que son responsables pecuniariamente de los actos de los miembros individuales." La palabra "artel", a pesar de su aparente similitud, no tiene, me asegura el Sr. Aylmer Maude, ninguna relación con "ars" o "arte". Su raíz es la del verbo "rotisya", obligarse por un juramento; y generalmente se admite que es sólo otra forma de "rota", que ahora significa una "compañía de regimiento". En ambas palabras la idea subyacente es la de un cuerpo de hombres unidos por un juramento. "Tribu" eran posiblemente grupos de gentiles, unidos por una

descendencia común, e incluían individuos conectados por matrimonio. Quizás nuestras palabras "sectas" o "clanes" serían las más apropiadas.

Cómo debe Comportarse un Príncipe para Ganar Renombre

Nada hace que un príncipe sea tan estimado como las grandes empresas y dar un buen ejemplo. Tenemos en nuestro tiempo a Fernando de Aragón, el actual rey de España. Casi se le puede llamar un nuevo príncipe, porque ha pasado, por la fama y la gloria, de ser un rey insignificante a ser el rey más importante de la cristiandad; y si consideráis sus hazañas las encontraréis todas grandes y algunas extraordinarias. Al principio de su reinado atacó Granada, y esta empresa fue la base de sus dominios. Lo hizo tranquilamente al principio y sin temor a ningún obstáculo, pues mantuvo las mentes de los barones de Castilla ocupadas en pensar en la guerra y sin anticipar ninguna innovación; así no percibieron que por estos medios estaba adquiriendo poder y autoridad sobre ellos. Pudo con el dinero de la Iglesia y del pueblo sostener sus ejércitos, y con esa larga guerra sentar las bases de la destreza militar que le ha distinguido desde entonces. Además, utilizando siempre la religión como argumento para emprender mayores planes, se dedicó con piadosa crueldad a expulsar y limpiar su reino de los moros; no puede haber un ejemplo más admirable, ni más raro. Bajo este mismo manto asaltó África, se abatió sobre Italia, ha atacado finalmente a Francia; y así sus logros y designios han sido siempre grandes, y han mantenido las mentes de su pueblo en suspenso y admiradas y ocupadas con el asunto de los mismos. Y sus acciones han surgido de tal manera, una a partir de la otra, que a los hombres nunca les ha dado tiempo a trabajar firmemente contra él.

Además, ayuda mucho a un príncipe dar ejemplos inusuales en los asuntos internos, similares a los que se relatan de Messer Bernabo da Milano, quien, cuando tenía la oportunidad, por cualquier persona en la vida civil que hiciera alguna cosa extraordinaria, ya sea buena o mala, tomaba algún método para recompensarlo o castigarlo, del que se hablaba mucho. Y un príncipe debe, por encima de todas las cosas, esforzarse siempre en cada acción por ganarse la reputación de ser un hombre grande y notable.

También se respeta a un príncipe cuando es un verdadero amigo o un franco enemigo, es decir, cuando, sin ninguna reserva, se declara a favor de una parte contra la otra; este proceder siempre será más ventajoso que mantenerse neutral; porque si dos de sus poderosos vecinos llegan a las manos, son de tal carácter que, si uno de ellos vence, hay que temerle o no. En cualquiera de los dos casos, siempre será más ventajoso para usted declararse y hacer la guerra enérgicamente; porque, en el primer caso, si no se declara, caerá invariablemente presa del conquistador, para placer y satisfacción de quien ha sido conquistado, y no tendrá razones que ofrecer, ni nada que le proteja o ampare. Porque el que conquista no quiere amigos dudosos que no le ayuden en el momento de la prueba; y el que pierde no os acogerá porque no hayáis querido, espada en mano, cortejar su destino.

Antíoco se adentró en Grecia, mandado a buscar por los Ætolios para expulsar a los romanos. Envió enviados a los aqueos, que eran amigos de los romanos, exhortándoles a permanecer neutrales; y por otro lado los romanos les instaron a tomar las armas. Esta cuestión llegó a discutirse en el consejo de los aqueos, donde el legado de Antíoco les instó a mantenerse neutrales. A esto respondió el legado romano: "En cuanto a lo que se ha dicho, de que es mejor y más ventajoso para vuestro estado no interferir en nuestra guerra, nada puede ser más erróneo; porque al no interferir os quedaréis, sin favor ni consideración, a la guerrilla del conquistador". Así sucederá siempre que quien no es tu amigo te exigirá tu neutralidad, mientras que quien es tu amigo te rogará que te declares con las armas. Y los príncipes irresolutos, para evitar los peligros actuales, suelen seguir el camino de la neutralidad, y generalmente se arruinan. Pero cuando un príncipe se declara galantemente a favor de un bando, si la parte con la que se alía vence, aunque el vencedor sea poderoso y lo tenga a su merced, sin embargo está en deuda con él, y se establece un vínculo de amistad; y los hombres nunca son tan desvergonzados como para convertirse en un monumento de ingratitud al oprimirle. Las victorias, después de todo, nunca son tan completas como para que el vencedor no deba mostrar alguna consideración, especialmente hacia la justicia. Pero si aquel con el que te alías pierde, puedes ser protegido por él, y mientras sea capaz puede ayudarte, y os convertís en compañeros de una fortuna que puede volver a surgir.

En el segundo caso, cuando los que luchan son de tal carácter que no tienes ninguna inquietud por saber quién puede vencer, tanto más prudente es aliarse, porque asistes a la destrucción de uno con la ayuda de otro que, si hubiera sido sabio, lo habría salvado; y venciendo, como es imposible que no lo haga con tu ayuda, queda a tu discreción. Y aquí hay que tener en cuenta que un príncipe debe tener cuidado de no hacer nunca una alianza con uno más poderoso que él con el fin de atacar a otros, a menos que la necesidad le obligue, como se ha dicho anteriormente; porque si conquista estáis a su discreción, y los príncipes deben evitar en lo posible estar a la discreción de cualquiera. Los venecianos se unieron a Francia contra el duque de Milán, y esta alianza, que causó su ruina, podría haberse evitado. Pero cuando no se puede evitar, como les ocurrió a los florentinos cuando el Papa y España enviaron ejércitos para atacar Lombardía, entonces en tal caso, por las razones mencionadas, el príncipe debe favorecer a una de las partes.

Que ningún gobierno se imagine que puede elegir cursos perfectamente seguros; más bien que espere tener que tomar cursos muy dudosos, porque se encuentra en los asuntos ordinarios que nunca se busca evitar un problema sin tropezar con otro; pero la prudencia consiste en saber distinguir el carácter de los problemas, y para elegir tomar el mal menor.

Un príncipe también debe mostrarse como un mecenas de la habilidad, y honrar a los competentes en todas las artes. Al mismo tiempo, debe animar a sus ciudadanos a que practiquen sus oficios de forma pacífica, tanto en el comercio como en la agricultura, y en cualquier otro ámbito, de modo que uno no se vea disuadido de mejorar sus posesiones por temor a que se las quiten, ni otro de abrir el comercio por miedo a los impuestos; sino que el príncipe debe ofrecer recompensas a quien desee hacer estas cosas y se proponga honrar de algún modo a su ciudad o estado.

Además, debe agasajar al pueblo con festivales y espectáculos en las épocas convenientes del año; y como toda ciudad está dividida en gremios o en sociedades,[1] debe tener en estima a esos organismos y asociarse con ellos a veces, y mostrarse como un ejemplo de cortesía y liberalidad; no obstante, manteniendo siempre la majestad de su rango, por lo que nunca debe consentir en disminuir en nada.

[1] "Gremios o sociedades", "in arti o in tribu". "Arti" eran gremios artesanales o comerciales, cf. Florio: "Arte . . una sociedad de cualquier oficio en cualquier ciudad o pueblo de la corporación". Los gremios de Florencia son descritos de forma admirable por el señor Edgcumbe Staley en su obra sobre el tema (Methuen, 1906). Instituciones de carácter algo similar, llamadas "artel", existen hoy en día en Rusia, cf. la obra de Sir Mackenzie Wallace "Russia", ed. 1905: "Los hijos . . eran siempre, durante la temporada de trabajo, miembros de un artel. En algunas de las ciudades más grandes hay arteles de un tipo mucho más complejo: asociaciones permanentes, que poseen un gran capital y que son responsables pecuniariamente de los actos de los miembros individuales." La palabra "artel", a pesar de su aparente similitud, no tiene, me asegura el Sr. Aylmer Maude, ninguna relación con "ars" o "arte". Su raíz es la del verbo "rotisya", obligarse por un juramento; y generalmente se admite que es sólo otra forma de "rota", que ahora significa una "compañía de regimiento". En ambas palabras la idea subyacente es la de un cuerpo de hombres unidos por un juramento. "Tribu" eran posiblemente grupos de gentiles, unidos por una descendencia común, e incluían individuos conectados por

matrimonio. Quizás nuestras palabras "sectas" o "clanes"
serían las más apropiadas.

Cómo Deben Evitarse los Aduladores

No quiero dejar de mencionar una rama importante de este tema, pues es un peligro del que los príncipes se preservan con dificultad, a menos que sean muy cuidadosos y discriminantes. Es el de los aduladores, de los que las cortes están llenas, porque los hombres son tan autocomplacientes en sus propios asuntos, y en cierto modo tan engañados en ellos, que se preservan con dificultad de esta plaga, y si quieren defenderse corren el peligro de caer en el desprecio. Porque no hay otra forma de protegerse de los aduladores que dejar que los hombres entiendan que decirle la verdad no le ofende; pero cuando todo el mundo puede decirle la verdad, el respeto por usted disminuye.

Por lo tanto, un príncipe sabio debería seguir un tercer curso eligiendo a los hombres sabios de su estado, y dándoles sólo la libertad de decirle la verdad, y entonces sólo de aquellas cosas sobre las que pregunta, y de ninguna otra; pero debería interrogarlos sobre todo, y escuchar sus opiniones, y después formar sus propias conclusiones. Con estos consejeros, por separado y colectivamente, debe comportarse de tal manera que cada uno de ellos sepa que, cuanto más libremente hable, más se le preferirá; fuera de ellos, no debe escuchar a nadie, perseguir lo resuelto y ser firme en sus resoluciones. Quien hace lo contrario, o bien es derrocado por los aduladores, o bien cambia tan a menudo de opinión que cae en el desprecio.

Quiero aducir a este respecto un ejemplo moderno. Fra Luca, el hombre de asuntos de Maximiliano,[1] el actual emperador, hablando de su majestad, dijo No consultó con nadie, pero nunca se salió con la suya en nada. Esto se debió a que seguía una práctica opuesta a la anterior, pues el emperador es un hombre reservado: no comunica sus designios a nadie, ni recibe opiniones sobre ellos. Pero como al llevarlos a cabo se revelan y se conocen, enseguida se ven obstaculizados por aquellos hombres que tiene a su alrededor, y él, siendo flexible, se desvía de ellos. De ahí resulta que las cosas que hace un día las deshace al siguiente, y nadie entiende nunca lo que desea o pretende hacer, y nadie puede confiar en sus resoluciones.

[1] Maximiliano I, nacido en 1459 y fallecido en 1519, emperador del Sacro Imperio Romano Germánico. Se casó, primero, con María, hija de Carlos el Temerario; después de su muerte, con Bianca Sforza; y así se involucró en la política italiana.

Un príncipe, por lo tanto, debe tomar siempre consejo, pero sólo cuando él lo desee y no cuando otros lo deseen; más bien debe disuadir a todos de que le ofrezcan consejo a menos que él lo pida; pero, sin embargo, debe ser un inquisidor constante, y después un oyente paciente en lo que respecta a las cosas sobre las que indagó; también, al enterarse de que alguien, por cualquier consideración, no le ha dicho la verdad, debe dejar sentir su ira.

Y si hay algunos que piensan que un príncipe que transmite una impresión de su sabiduría no lo hace por su propia capacidad, sino por los buenos consejeros que tiene a su alrededor, sin duda se engañan, porque este es un axioma que nunca falla: que un príncipe que no es sabio por sí mismo nunca aceptará un buen consejo, a menos que por casualidad haya cedido sus asuntos por completo a una persona que resulta ser un hombre muy prudente. En este caso, en efecto, puede ser bien gobernado, pero no sería por mucho tiempo, porque tal gobernador le arrebataría en poco tiempo su estado.

Pero si un príncipe que no es inexperto toma el consejo de más de uno, nunca obtendrá consejos unidos, ni sabrá cómo unirlos. Cada uno de los consejeros pensará en sus propios intereses, y el príncipe no sabrá cómo controlarlos o ver a través de ellos. Y no se puede encontrar otra cosa, porque los hombres siempre se mostrarán infieles a menos que se les mantenga honestos por medio de la coacción. Por lo tanto, hay que deducir que los buenos consejos, vengan de donde vengan, nacen de la sabiduría

del príncipe, y no la sabiduría del príncipe de los buenos
consejos.

¿Por Qué los Príncipes de Italia han Perdido sus Estados?

Las sugerencias anteriores, observadas cuidadosamente, permitirán que un nuevo príncipe parezca bien establecido, y lo harán de inmediato más seguro y fijo en el estado que si hubiera estado sentado allí durante mucho tiempo. Porque las acciones de un nuevo príncipe se observan con más detenimiento que las de uno hereditario, y cuando se ven capaces ganan más hombres y atan mucho más que la sangre antigua; porque los hombres se sienten más atraídos por el presente que por el pasado, y cuando encuentran el bien presente lo disfrutan y no buscan más; también harán la máxima defensa de un príncipe si no les falla en otras cosas. Así, será una doble gloria para él haber establecido un nuevo principado, y haberlo adornado y fortalecido con buenas leyes, buenas armas, buenos aliados y con un buen ejemplo; también será una doble desgracia para aquel que, habiendo nacido príncipe, pierda su estado por falta de sabiduría.

Y si se consideran aquellos señores que han perdido sus estados en Italia en nuestros tiempos, como el rey de Nápoles, el duque de Milán y otros, se encontrará en ellos, en primer lugar, un defecto común en cuanto a las armas por las causas que se han discutido ampliamente; en segundo lugar, se verá que alguno de ellos, o bien ha tenido al pueblo hostil, o si ha tenido al pueblo amistoso, no ha sabido asegurar a los nobles. En ausencia de estos defectos, los estados que tienen el poder suficiente para mantener un ejército en el campo no pueden perderse.

Filipo de Macedonia, no el padre de Alejandro Magno, sino el que fue conquistado por Tito Quincio, no tenía mucho territorio comparado con la grandeza de los romanos y de Grecia que lo atacaban, sin embargo, siendo un hombre guerrero que supo atraer al pueblo y asegurar a los nobles, sostuvo la guerra contra sus enemigos durante muchos años, y si al final perdió el dominio de algunas ciudades, sin embargo conservó el reino.

Por lo tanto, que nuestros príncipes no acusen a la fortuna por la pérdida de sus principados después de tantos años de posesión, sino a su propia pereza, porque en los tiempos tranquilos nunca pensaron que podría haber un cambio (es un defecto común en el hombre no hacer ninguna provisión en la calma contra la tempestad), y cuando después llegaron los malos tiempos pensaron en huir y no en defenderse, y esperaron que el pueblo, disgustado por la insolencia de los conquistadores, los recuperara. Este curso, cuando otros fallan, puede ser bueno, pero es muy malo haber descuidado todos los demás expedientes para ello, ya que nunca desearías caer porque confiabas en poder encontrar más tarde a alguien que te restaurara. Esto, de nuevo, o no sucede, o, si sucede, no será para su seguridad, porque no sirve de nada esa liberación que no depende de usted mismo; sólo son fiables, seguras y duraderas las que dependen de usted mismo y de su valor.

Lo Que la Fortuna Puede Hacer en los Asuntos Humanos y cómo Resistirla

No me es desconocido cuántos hombres han tenido y tienen la opinión de que los asuntos del mundo están de tal manera gobernados por la fortuna y por Dios que los hombres con su sabiduría no pueden dirigirlos y que nadie puede ni siquiera ayudarlos; y por ello quieren hacernos creer que no es necesario trabajar mucho en los asuntos, sino dejar que el azar los gobierne. Esta opinión ha tenido más crédito en nuestros tiempos debido a los grandes cambios en los asuntos que se han visto, y aún pueden verse, cada día, más allá de toda conjetura humana. A veces, reflexionando sobre esto, me inclino en cierta medida por su opinión. Sin embargo, para no extinguir nuestro libre albedrío, sostengo que es cierto que la Fortuna es el árbitro de la mitad de nuestras acciones,[1] pero que aún nos deja dirigir la otra mitad, o quizás un poco menos.

> [1] Federico el Grande solía decir: "Cuanto más envejece uno, más se convence de que su majestad el Rey Azar hace las tres cuartas partes de los asuntos de este miserable universo". La "Cuestión de Oriente" de Sorel.

La comparo con uno de esos ríos impetuosos, que cuando se desborda la llanura, arrastrando árboles y edificios, arrastrando el suelo de un lugar a otro; todo vuela ante él, todo cede a su violencia, sin poder en modo alguno resistirlo; y sin embargo, aunque su naturaleza sea tal, no se deduce por ello que los hombres, cuando el tiempo se vuelve propicio, no deban tomar disposiciones, tanto con defensas como con barreras, de tal manera que, volviendo a subir, las aguas puedan pasar por el canal, y su fuerza no sea tan desenfrenada ni tan peligrosa. Así sucede con la fortuna, que muestra su poder allí donde el valor no se ha preparado para resistirla, y hacia allí dirige sus fuerzas donde sabe que no se han levantado barreras y defensas para constreñirla.

Y si considera a Italia, que es la sede de estos cambios, y que les ha dado su impulso, verá que es un país abierto, sin barreras y sin defensa alguna. Porque si hubiera sido defendida con el valor adecuado, como lo son Alemania, España y Francia, o bien esta invasión no habría hecho los grandes cambios que ha hecho o no habría llegado en absoluto. Y esto lo considero suficiente para decir sobre la resistencia a la fortuna en general.

Pero limitándome más a lo particular, digo que un príncipe puede verse feliz hoy y arruinado mañana sin haber mostrado ningún cambio de disposición o de carácter. Esto, creo, surge en primer lugar de las causas que ya se han discutido ampliamente, a saber, que el príncipe que confía totalmente en la fortuna está perdido cuando ésta cambia. También creo que tendrá éxito aquel que dirija sus acciones de acuerdo con el espíritu de los tiempos, y que aquel cuyas acciones no concuerden con los tiempos no tendrá éxito. Porque se ve a los hombres, en los asuntos que conducen al fin que todo hombre tiene ante sí, a saber, la gloria y las riquezas, llegar allí por diversos métodos; uno con precaución, otro con precipitación; uno por la fuerza, otro por la habilidad; uno por la paciencia, otro por su contrario; y cada uno logra alcanzar la meta por un método diferente. También se puede ver que de dos hombres cautelosos el uno alcanza su fin, el otro fracasa; y de manera similar, dos hombres por diferentes observancias son igualmente exitosos, el uno es cauteloso, el otro impetuoso; todo esto surge de nada más que si se ajustan o no en sus métodos al espíritu de la época. Esto se desprende de lo que he dicho, que dos hombres que trabajan de forma diferente consiguen el mismo efecto, y de dos que trabajan de forma similar, uno consigue su objetivo y el otro no.

Los cambios en el patrimonio también se derivan de esto, ya que si, para quien se gobierna con cautela y paciencia, los tiempos y los asuntos convergen de tal manera que su administración es exitosa, su fortuna está hecha; pero si los tiempos y los asuntos cambian, se arruina si no cambia su curso de acción. Pero el hombre no suele ser lo suficientemente circunspecto como para saber acomodarse al cambio, tanto porque no puede desviarse de lo que la naturaleza le inclina a hacer, como porque, habiendo prosperado siempre actuando de una manera, no puede persuadirse de que es bueno dejarla; y, por tanto, el hombre precavido, cuando llega el momento de volverse aventurero, no sabe cómo hacerlo, de ahí que se arruine; pero si hubiera cambiado su conducta con los tiempos la fortuna no habría cambiado.

El Papa Julio II se puso a trabajar impetuosamente en todos sus asuntos, y encontró que los tiempos y las circunstancias se ajustaban tan bien a esa línea de acción que siempre tuvo éxito. Consideremos su primera empresa contra Bolonia, estando aún vivo Messer Giovanni Bentivogli. Los venecianos no estaban de acuerdo con ella, ni tampoco el rey de España, y tenía la empresa aún en discusión con el rey de Francia; no obstante, emprendió personalmente la expedición con su acostumbrada audacia y energía, lo que hizo que España y los venecianos se mantuvieran irresolutos y pasivos, estos últimos por miedo, los primeros por el deseo de recuperar el reino de Nápoles; por otro lado, atrajo tras él al rey de Francia, porque este rey, habiendo observado el movimiento, y deseando hacer del Papa su amigo para humillar a los venecianos, encontró imposible rechazarlo. Por lo tanto, Julio, con su impetuosa acción, logró lo que ningún otro pontífice, con la simple sabiduría humana, podría haber hecho; porque si hubiera esperado en Roma hasta poder alejarse, con sus planes arreglados y todo arreglado, como cualquier otro pontífice habría hecho, nunca habría tenido éxito. Porque el rey de Francia habría puesto mil excusas, y los demás habrían suscitado mil temores.

Dejaré en paz sus otras acciones, ya que todas fueron iguales, y todas tuvieron éxito, pues la brevedad de su vida no le permitió experimentar lo contrario; pero si hubieran surgido circunstancias que le exigieran ir con cautela, su ruina habría seguido, porque nunca se habría desviado de aquellos caminos a los que la naturaleza le inclinaba.

Concluyo, por tanto, que, siendo la fortuna cambiante y la humanidad firme en sus caminos, mientras ambas estén de acuerdo los hombres tienen éxito, pero no tienen éxito cuando se desvían. Por mi parte, considero que es mejor ser aventurero que precavido, porque la fortuna es una mujer, y si se quiere mantenerla sometida es necesario golpearla y maltratarla; y está visto que se deja dominar por los aventureros más que por los que van a trabajar más fríamente. Por lo tanto, siempre es, como una mujer, amante de los hombres jóvenes, porque son menos cautelosos, más violentos y con más audacia la mandan.

Una Exhortación para Liberar a Italia de los Bárbaros

Habiendo considerado cuidadosamente el tema de los discursos anteriores, y preguntándome en mi interior si los tiempos actuales eran propicios para un nuevo príncipe, y si había elementos que dieran la oportunidad a un sabio y virtuoso de introducir un nuevo orden de cosas que le hiciera honor y bien al pueblo de este país, me parece que son tantas las cosas que concurren para favorecer a un nuevo príncipe que nunca conocí un momento más adecuado que el presente.

Y si, como dije, era necesario que el pueblo de Israel fuera cautivo para poner de manifiesto la capacidad de Moisés; que los persas fueran oprimidos por los medos para descubrir la grandeza del alma de Ciro; y que los atenienses fueran dispersados para ilustrar las capacidades de Teseo: entonces, en la actualidad, para descubrir la virtud de un espíritu italiano, era necesario que Italia fuera reducida a la extremidad en la que se encuentra ahora, que estuviera más esclavizada que los hebreos, más oprimida que los persas, más dispersa que los atenienses; sin cabeza, sin orden, golpeada, despojada, desgarrada, invadida; y haber soportado todo tipo de desolación.

Aunque últimamente uno haya mostrado alguna chispa que nos hiciera pensar que estaba ordenado por Dios para nuestra redención, sin embargo, se vio después, en el apogeo de su carrera, que la fortuna lo rechazó; de modo que Italia, dejada como sin vida, espera a aquel que todavía curará sus heridas y pondrá fin a la rapiña y al saqueo de Lombardía, a la estafa y a los impuestos del reino y de Toscana, y limpiará esas llagas que durante mucho tiempo han supurado. Se ve cómo suplica a Dios que envíe a alguien que la libre de estos agravios y bárbaras insolencias. Se ve también que está lista y dispuesta a seguir un estandarte si sólo alguien lo levanta.

Tampoco se ve en la actualidad nadie en quien ella pueda depositar más esperanzas que en vuestra ilustre casa,[1] con su valor y fortuna, favorecida por Dios y por la Iglesia de la que ahora es la principal, y que podría convertirse en la cabeza de esta redención. Esto no será difícil si recordáis las acciones y las vidas de los hombres que he nombrado. Y aunque eran hombres grandes y maravillosos, sin embargo, eran hombres, y cada uno de ellos no tenía más oportunidad que la que ofrece el presente, pues sus empresas no eran ni más justas ni más fáciles que ésta, ni Dios era más amigo de ellos que de ustedes.

[1] Giuliano de Medici. Acababa de ser creado cardenal por León X. En 1523 Giuliano fue elegido Papa, y tomó el título de Clemente VII.

Con nosotros hay una gran justicia, porque es justa aquella guerra que es necesaria, y las armas son santificadas cuando no hay otra esperanza que en ellas. Aquí hay la mayor voluntad, y donde la voluntad es grande las dificultades no pueden ser grandes si sólo se sigue a los hombres a los que he dirigido su atención. Además, cuán extraordinariamente se han manifestado los caminos de Dios más allá del ejemplo: el mar se ha dividido, una nube ha guiado el camino, la roca ha derramado agua, ha llovido maná, todo ha contribuido a vuestra grandeza; vosotros debéis hacer el resto. Dios no está dispuesto a hacerlo todo, y así nos quita el libre albedrío y la parte de gloria que nos corresponde.

Y no es de extrañar que ninguno de los italianos arriba mencionados haya sido capaz de realizar todo lo que se espera de vuestra ilustre casa; y si en tantas revoluciones en Italia, y en tantas campañas, siempre ha parecido que la virtud militar estaba agotada, esto ha sucedido porque el antiguo orden de cosas no era bueno, y ninguno ha sabido encontrar uno nuevo. Y nada honra más a un hombre que establecer nuevas leyes y ordenanzas cuando él mismo estaba recién levantado. Tales cosas, cuando están bien fundadas y son dignas, le harán ser reverenciado y admirado, y en Italia no faltan oportunidades para ponerlas en práctica en todas sus formas.

Aquí hay un gran valor en las extremidades mientras que falla en la cabeza. Observe atentamente los duelos y los combates cuerpo a cuerpo, cuán superiores son los italianos en fuerza, destreza y sutileza. Pero cuando se trata de ejércitos no soportan la comparación, y esto se debe enteramente a la insuficiencia de los líderes, ya que los que son capaces no son obedientes, y cada uno parece saberse a sí mismo, ya que nunca ha habido ninguno tan distinguido por encima del resto, ni por el valor ni por la fortuna, que los demás le cedan. De ahí que, durante tanto tiempo, y durante tantos combates en los últimos veinte años, siempre que ha habido un ejército enteramente italiano, ha dado mala cuenta de sí mismo; el primer testigo de ello es Il Taro, después Allesandria, Capua, Génova, Vaila, Bolonia, Mestri.[2]

[2] Las batallas de Il Taro, 1495; Alessandria, 1499; Capua, 1501; Génova, 1507; Vaila, 1509; Bolonia, 1511; Mestri, 1513.

Por lo tanto, si su ilustre casa desea seguir a estos notables hombres que han redimido a su país, es necesario antes que nada, como verdadero fundamento de toda empresa, estar provisto de sus propias fuerzas, porque no puede haber soldados más fieles, más honestos ni mejores. Y aunque por separado son buenos, en conjunto serán mucho mejores cuando se encuentren comandados por su príncipe, honrados por él y mantenidos a sus expensas. Por lo tanto, es necesario estar preparados con tales armas, para que puedan ser defendidos contra los extranjeros por el valor italiano.

Y aunque la infantería suiza y la española pueden considerarse muy formidables, sin embargo hay un defecto en ambas, por el cual un tercer orden no sólo podría oponerse a ellas, sino que podría contarse con ellas para derrocarlas. Pues los españoles no pueden resistir a la caballería, y los suizos temen a la infantería siempre que se enfrentan a ella en combate cuerpo a cuerpo. Debido a esto, como se ha visto y puede volver a verse, los españoles no pueden resistir a la caballería francesa, y los suizos son derrocados por la infantería española. Y aunque no se puede demostrar una prueba completa de esto último, sin embargo hubo alguna evidencia de ello en la batalla de Rávena, cuando la infantería española se enfrentó a batallones alemanes, que siguen la misma táctica que los suizos; cuando los españoles, por la agilidad de su cuerpo y con la ayuda de sus escudos, se metieron debajo de las picas de los alemanes y se mantuvieron fuera de peligro, capaces de atacar, mientras que los alemanes se mantuvieron indefensos, y, si la caballería no se hubiera precipitado, todo habría acabado con ellos. Es posible, por tanto, conociendo los defectos de estas dos infanterías, inventar una nueva, que resista a la caballería y no tema a la infantería; para ello no es necesario crear un nuevo orden de armas, sino una variación sobre el antiguo. Y este es el tipo de mejoras que confieren reputación y poder a un nuevo príncipe.

Por lo tanto, no hay que dejar pasar esta oportunidad para que Italia vea por fin aparecer a su libertador. No se puede expresar el amor con el que sería recibido en todas esas provincias que tanto han sufrido estos azotes extranjeros, con qué sed de venganza, con qué fe obstinada, con qué devoción, con qué lágrimas. ¿Qué puerta se le cerraría? ¿Quién le negaría la obediencia? ¿Qué envidia se lo impediría? ¿Qué italiano le negaría el homenaje? A todos nosotros nos apesta este bárbaro dominio. Que, por tanto, su ilustre casa asuma este cargo con ese valor y esperanza con que se emprenden todas las empresas justas, para que bajo su estandarte se ennoblezca nuestro país natal, y bajo sus auspicios se verifique aquel dicho de Petrarca:

> Virtu contro al Furore
> Prendera l'arme, e fia il combatter corto,
>
> Che l'antico valore
> Negli italici cuor non e ancor morto.

La virtud contra la furia adelantará el
combate,

Y en el combate pronto pondrá en fuga:

Pues el viejo valor romano no ha muerto,

Ni en el pecho de los italianos se ha
extinguido.

Edward Dacre, 1640.

La Vida de Castruccio Castracani de Lucca 1284-1328

Escrito por Nicolás Maquiavelo y enviada a sus amigos Zanobi Buondelmonti y Luigi Alamanni.

Parece, queridos Zanobi y Luigi, una cosa maravillosa para aquellos que han considerado el asunto, que todos los hombres, o el mayor número de ellos, que han realizado grandes hazañas en el mundo, y sobresalido a todos los demás en su día, han tenido su nacimiento y comienzo en la bajeza y la oscuridad; o han sido agraviados por la Fortuna de alguna manera escandalosa. O bien han estado expuestos a la misericordia de las bestias salvajes, o han tenido un parentesco tan mezquino que, avergonzados, se han hecho pasar por hijos de Jove o de alguna otra deidad. Sería fatigoso relatar quiénes pueden haber sido estas personas porque son bien conocidas por todos, y, como tales relatos no serían especialmente edificantes para quienes los lean, se omiten. Creo que estos comienzos humildes de los grandes hombres se producen porque la Fortuna desea mostrar al mundo que tales hombres le deben mucho a ella y poco a la sabiduría, porque empieza a mostrar su mano cuando la sabiduría no puede realmente tomar parte en su carrera: así, todo el éxito debe ser atribuido a ella. Castruccio Castracani de Lucca fue uno de esos hombres que hicieron grandes hazañas, si se le mide por la época en que vivió y la ciudad en que nació; pero, como muchos otros, no fue ni afortunado ni distinguido en su nacimiento, como mostrará el curso de esta historia. Me ha parecido deseable recordar su memoria, porque he discernido en él indicios de valor y fortuna que deberían hacer de él un gran ejemplo para los hombres. También creo que debo llamar su atención sobre sus acciones, porque usted, de todos los hombres que conozco, es el que más se deleita con las acciones nobles.

La familia de Castracani se contaba antiguamente entre las familias nobles de Lucca, pero en los días de los que hablo había decaído un poco en su patrimonio, como ocurre tan a menudo en este mundo. De esta familia nació un hijo, Antonio, que llegó a ser sacerdote de la orden de San Miguel de Lucca, y por ello fue honrado con el título de Messer Antonio. Tenia una unica hermana, que habia estado casada con Buonaccorso Cenami, pero al morir Buonaccorso se quedo viuda, y al no querer casarse de nuevo se fue a vivir con su hermano. Messer Antonio tenía un viñedo detrás de la casa donde residía, y como estaba delimitado por todos los lados por jardines, cualquier persona podía acceder a él sin dificultad. Una mañana, poco después de la salida del sol, Madonna Dianora, como se llamaba la hermana de Messer Antonio, tuvo ocasión de ir al viñedo como de costumbre a recoger hierbas para condimentar la cena, y al oír un ligero crujido entre las hojas de una viña volvió los ojos en esa dirección, y oyó algo parecido al llanto de un niño. Entonces se dirigió hacia ello y vio las manos y la cara de un bebé que yacía envuelto en las hojas y que parecía llorar por su madre. En parte maravillada y en parte temerosa, pero llena de compasión, lo levantó y lo llevó a la casa, donde lo lavó y lo vistió con ropa limpia, como es costumbre, y se lo mostró a Messer Antonio cuando regresó a casa. Cuando se enteró de lo sucedido y vio al niño no se mostró menos sorprendido ni compasivo que su hermana. Discutieron entre ellos lo que debía hacerse, y viendo que él era sacerdote y que ella no tenía hijos, finalmente decidieron criarlo. Tuvieron una nodriza para ella, y la criaron y amaron como si fuera su propio hijo. Lo bautizaron y le pusieron el nombre de Castruccio en honor a su padre. Con el paso de los años, Castruccio se puso muy guapo y dio muestras de ingenio y discreción, y aprendió con una rapidez superior a la de su edad las lecciones que le impartió Messer Antonio. Messer Antonio tenía la intención de hacer de él un sacerdote, y con el tiempo lo habría introducido en su canonjía y otros beneficios, y toda su instrucción se dio con este objetivo; pero Antonio descubrió que el carácter de Castruccio era bastante inadecuado para el sacerdocio. Tan pronto como Castruccio alcanzó la edad de catorce años, empezó a hacer menos caso de las reprimendas de Messer Antonio y Madonna Dianora y a no temerlas más; dejó de leer libros eclesiásticos y se dedicó a jugar con las armas, sin deleitarse en nada tanto como en aprender sus usos, y en correr, saltar y luchar con otros muchachos. En todos los ejercicios superaba con creces a sus compañeros en coraje y fuerza corporal, y si en algún momento recurría a los libros, sólo le gustaban los que hablaban de guerras y de las poderosas hazañas de los hombres. Messer Antonio contemplaba todo esto con vejación y tristeza.

Vivía en la ciudad de Lucca un caballero de la familia Guinigi, llamado Messer Francesco, cuya profesión era las armas y que en riqueza, fuerza corporal y valor superaba a todos los demás hombres de Lucca. Había luchado a menudo bajo el mando de los Visconti de Milán, y como gibelino era el apreciado líder de ese partido en Lucca. Este caballero residía en Lucca y acostumbraba a reunirse con otros la mayoría de las mañanas y de las tardes bajo el balcón del Podesta, que se encuentra en lo alto de la plaza de San Michele, la mejor plaza de Lucca, y a menudo había visto a Castruccio participar con otros niños de la calle en esos juegos de los que he hablado. Al notar que Castruccio superaba con creces a los otros niños, y que parecía ejercer una autoridad real sobre ellos, y que éstos le amaban y obedecían, Messer Francesco se mostró muy deseoso de saber quién era. Al ser informado de las circunstancias de la crianza de Castruccio, sintió un mayor deseo de tenerlo cerca. Por eso le llamó un día y le preguntó si estaría más dispuesto a vivir en la casa de un caballero, donde aprendería a montar a caballo y a usar las armas, o en la casa de un sacerdote, donde no aprendería más que las misas y los servicios de la Iglesia. Messer Francesco pudo comprobar que a Castruccio le agradaba mucho oír hablar de caballos y armas, aunque permaneció en silencio, ruborizándose modestamente; pero al ser animado por Messer Francesco a hablar, respondió que, si su señor estaba de acuerdo, nada le complacería más que abandonar sus estudios sacerdotales y tomar los de soldado. Esta respuesta encantó a Messer Francesco, y en muy poco tiempo obtuvo el consentimiento de Messer Antonio, que se vio impulsado a ceder por su conocimiento de la naturaleza del muchacho, y por el temor de no poder retenerlo mucho más tiempo.

Así, Castruccio pasó de la casa de Messer Antonio el cura a la de Messer Francesco Guinigi el soldado, y fue sorprendente comprobar que en muy poco tiempo manifestó toda esa virtud y porte que estamos acostumbrados a asociar con un verdadero caballero. En primer lugar, se convirtió en un consumado jinete, y podía manejar con facilidad el más fogoso corcel, y en todas las justas y torneos, aunque todavía era un joven, se le observaba más que a los demás, y sobresalía en todos los ejercicios de fuerza y destreza. Pero lo que realzaba tanto el encanto de estos logros, era la deliciosa modestia que le permitía evitar ofender a los demás, tanto de obra como de palabra, pues era deferente con los grandes hombres, modesto con sus iguales y cortés con sus inferiores. Estas dotes le hicieron ser querido, no sólo por toda la familia Guinigi, sino por toda Lucca. Cuando Castruccio había cumplido dieciocho años, los gibelinos fueron expulsados de Pavía por los güelfos, y Messer Francesco fue enviado por los Visconti para ayudar a los gibelinos, y con él iba Castruccio, al mando de sus fuerzas. Castruccio dio amplias pruebas de su prudencia y valor en esta expedición, adquiriendo mayor reputación que cualquier otro capitán, y su nombre y fama fueron conocidos, no sólo en Pavía, sino en toda Lombardía.

Castruccio, habiendo regresado a Lucca en una estimación mucho más alta que la que dejó, no omitió utilizar todos los medios a su alcance para ganar tantos amigos como pudiera, sin descuidar ninguna de las artes que son necesarias para ese propósito. Alrededor de esta época murió Messer Francesco, dejando un hijo de trece años llamado Pagolo, y habiendo nombrado a Castruccio tutor de su hijo y administrador de sus bienes. Antes de morir, Francesco llamó a Castruccio y le rogó que mostrara a Pagolo la buena voluntad que él (Francesco) siempre le había mostrado, y que le rindiera al hijo la gratitud que no había podido devolverle al padre. A la muerte de Francesco, Castruccio se convirtió en el gobernador y tutor de Pagolo, lo que aumentó enormemente su poder y posición, y creó una cierta envidia contra él en Lucca en lugar de la anterior buena voluntad universal, pues muchos hombres sospechaban que albergaba intenciones tiránicas. Entre ellos, el hombre más destacado era Giorgio degli Opizi, el jefe del partido güelfo. Este hombre esperaba, tras la muerte de Messer Francesco, convertirse en el hombre principal de Lucca, pero le parecía que Castruccio, con las grandes habilidades que ya mostraba, y ocupando el cargo de gobernador, le privaba de su oportunidad; por lo tanto, comenzó a sembrar las semillas que debían robarle a Castruccio su eminencia. Al principio, Castruccio trató esto con desprecio, pero después se alarmó, pensando que Messer Giorgio podía ser capaz de hacerle caer en desgracia con el diputado del rey Ruberto de Nápoles y hacer que lo expulsaran de Lucca.

El señor de Pisa en aquella época era Uguccione de los Faggiuola de Arezzo, que siendo en primer lugar elegido su capitán se convirtió después en su señor. En París residían algunos gibelinos exiliados de Lucca, con los que Castruccio mantuvo comunicaciones con el fin de lograr su restauración con la ayuda de Uguccione. Castruccio también incorporó a sus planes a amigos de Lucca que no soportarían la autoridad de los Opizi. Habiendo fijado el plan a seguir, Castruccio fortificó cautelosamente la torre de los Onesti, llenándola de provisiones y municiones de guerra, para que pudiera soportar un asedio durante unos días en caso de necesidad. Cuando llegó la noche que se había acordado con Uguccione, que había ocupado la llanura entre las montañas y Pisa con muchos hombres, se dio la señal, y sin ser observado Uguccione se acercó a la puerta de San

Piero y prendió fuego al rastrillo. Castruccio levantó un gran alboroto dentro de la ciudad, llamando a la gente a las armas y forzando la apertura de la puerta desde su lado. Uguccione entró con sus hombres, atravesó la ciudad y mató a Messer Giorgio con toda su familia y muchos de sus amigos y partidarios. El gobernador fue expulsado y el gobierno se reformó según los deseos de Uguccione, en detrimento de la ciudad, pues se comprobó que más de cien familias estaban exiliadas en ese momento. De los que huyeron, una parte se dirigió a Florencia y otra a Pistoia, cuya ciudad era la sede del partido güelfo, y por esta razón se volvió muy hostil a Uguccione y a los lucchese.

Como ahora les parecía a los florentinos y a otros del partido güelfo que los gibelinos absorbían demasiado poder en la Toscana, decidieron restaurar a los güelfos exiliados en Lucca. Reunieron un gran ejército en el Valle de Nievole y se apoderaron de Montecatini; desde allí marcharon a Montecarlo, para asegurar el paso libre a Lucca. Tras esto, Uguccione reunió sus fuerzas pisanas y lucchesas, y con un número de caballería alemana que sacó de Lombardía, se dirigió contra los cuarteles de los florentinos, que al aparecer el enemigo se retiraron de Montecarlo, y se apostaron entre Montecatini y Pescia. Uguccione tomó ahora una posición cerca de Montecarlo, y a menos de dos millas del enemigo, y a diario se producían ligeras escaramuzas entre la caballería de ambas partes. Debido a la enfermedad de Uguccione, los pisanos y los luccheses se retrasaron en la lucha contra el enemigo. Uguccione, al encontrarse cada vez peor, se dirigió a Montecarlo para curarse, y dejó el mando del ejército en manos de Castruccio. Este cambio provocó la ruina de los güelfos, que, pensando que el ejército hostil al perder a su capitán había perdido la cabeza, se confiaron demasiado. Castruccio observó esto, y dejó pasar algunos días para alentar esta creencia; también dio muestras de temor, y no permitió que se utilizara ninguna de las municiones del campamento. En el otro bando, los güelfos se volvían más insolentes cuanto más veían estas evidencias de miedo, y cada día se retiraban en el orden de batalla frente al ejército de Castruccio. Al final, considerando que el enemigo estaba suficientemente envalentonado, y habiendo dominado sus tácticas, decidió unirse a la batalla con ellos. Primero dirigió unas palabras de ánimo a sus soldados y les señaló la certeza de la victoria si obedecían sus órdenes. Castruccio se había dado cuenta de que el enemigo había colocado a todas sus mejores tropas en el centro de la línea de batalla, y a sus hombres menos fiables en las alas del ejército; por lo que hizo exactamente lo contrario, colocando a sus hombres más valientes en los flancos, mientras que a aquellos en los que no podía confiar tanto los desplazó al centro. Observando este orden de batalla, se retiró de sus líneas y llegó rápidamente a la vista del ejército hostil, que, como de costumbre, había acudido en su insolencia a desafiarle. Entonces ordenó a sus escuadrones del centro que marcharan lentamente, mientras él hacía avanzar rápidamente a los de las alas. Así, cuando entraron en contacto con el enemigo, sólo las alas de los dos ejércitos se comprometieron, mientras que los batallones del centro permanecieron fuera de combate, ya que estas dos porciones de la línea de batalla estaban separadas entre sí por un largo intervalo y, por tanto, eran incapaces de alcanzarlas. Mediante este recurso, la parte más valiente de los hombres de Castruccio se opuso a la parte más débil de las tropas enemigas, y los hombres más eficientes del enemigo quedaron desvinculados; y así los florentinos fueron incapaces de luchar con los que estaban dispuestos enfrente de ellos, o de prestar cualquier ayuda a sus propios flancos. Así que, sin mucha dificultad, Castruccio puso en fuga al enemigo por ambos flancos, y los batallones del centro se dieron a la fuga cuando se vieron expuestos al ataque, sin tener oportunidad de mostrar su valor. La derrota fue completa, y la pérdida en hombres muy pesada, habiendo más de diez mil hombres muertos con muchos oficiales y caballeros del partido güelfo en Toscana, y también muchos príncipes que habían venido a ayudarles, entre los que se encontraban Piero, el hermano del rey Ruberto, y Carlo, su sobrino, y Filippo, el señor de Taranto. Por parte de Castruccio la pérdida no ascendió a más de trescientos hombres, entre los que se encontraba Francesco, el hijo de Uguccione, que, siendo joven y temerario, murió en el primer ataque.

Esta victoria aumentó tanto la reputación de Castruccio que Uguccione concibió algunos celos y sospechas sobre él, porque le pareció que esta victoria no le había dado un aumento de poder, sino que lo había disminuido. Siendo de esta opinión, sólo esperó una oportunidad para hacerla efectiva. Ésta se presentó con la muerte de Pier Agnolo Micheli, un hombre de gran reputación y capacidad en Lucca, cuyo asesino huyó a la casa de Castruccio para refugiarse. Al ir los sargentos del capitán a detener al asesino, fueron expulsados por Castruccio, y el asesino escapó. Al llegar este asunto a conocimiento de Uguccione, que se encontraba entonces en Pisa, le pareció una oportunidad adecuada para castigar a Castruccio. Por lo tanto, mandó llamar a su hijo Neri, que era el gobernador de Lucca, y le encargó que tomara prisionero a Castruccio en un banquete y le diera muerte. Castruccio, sin temer ningún mal, se dirigió amistosamente al gobernador, fue agasajado en la cena y luego arrojado a la cárcel. Pero Neri, temiendo darle muerte para que el pueblo no se indignara, lo mantuvo con vida, con el fin de escuchar más a su padre sobre sus intenciones. Ugucionne maldijo la vacilación y la cobardía de su hijo, y enseguida partió de Pisa hacia Lucca con cuatrocientos jinetes para terminar el asunto a su manera; pero aún no había llegado a las termas cuando los pisanos se rebelaron y dieron muerte a su lugarteniente y crearon al conde Gaddo della Gherardesca su señor. Antes de que Uguccione llegara a Lucca se enteró de los sucesos de Pisa, pero no le pareció prudente dar marcha atrás, no fuera a ser que los luccheses, con el ejemplo de Pisa ante ellos, cerraran sus puertas contra él. Pero los luccheses, al enterarse de lo ocurrido en Pisa, aprovecharon la ocasión para exigir la liberación de Castruccio, a pesar de que Uguccione había llegado a su ciudad. Primero empezaron a hablar de ello en círculos privados, después abiertamente en las plazas y las calles; luego armaron un tumulto, y con las armas en la mano se dirigieron a Uguccione y exigieron que Castruccio fuera puesto en libertad. Uguccione, temiendo que pudiera ocurrir algo peor, lo liberó de la prisión. Entonces Castruccio reunió a sus amigos a su alrededor y, con la ayuda del pueblo, atacó a Uguccione; éste, al ver que no tenía otro recurso que la huida, se marchó con sus amigos a Lombardía, a los señores de Escala, donde murió en la pobreza.

Pero Castruccio de prisionero pasó a ser casi un príncipe en Lucca, y se comportó con tanta discreción con sus amigos y el pueblo que le nombraron capitán de su ejército durante un año. Una vez obtenido esto, y deseando ganar renombre en la guerra, planeó la recuperación de las numerosas ciudades que se habían rebelado tras la marcha de Uguccione, y con la ayuda de los pisanos, con los que había concluido un tratado, marchó a Serezzana. Para capturar este lugar construyó un fuerte contra él, que hoy se llama Zerezzanello; en el transcurso de dos meses Castruccio capturó la ciudad. Con la reputación ganada en ese asedio, se apoderó rápidamente de Massa, Carrara y Lavenza, y en poco tiempo había invadido toda Lunigiana. Para cerrar el paso que lleva de Lombardía a Lunigiana, sitió Pontremoli y lo arrancó de las manos de Messer Anastagio Palavicini, que era su señor. Después de esta victoria regresó a Lucca, y fue acogido por todo el pueblo. Y ahora Castruccio, considerando imprudente aplazar por más tiempo el hacerse príncipe, se hizo crear el señor de Lucca con la ayuda de Pazzino del Poggio, Puccinello dal Portico, Francesco Boccansacchi y Cecco Guinigi, a los que había corrompido; y después fue elegido príncipe solemne y deliberadamente por el pueblo. En esta época, Federico de Baviera, el rey de los romanos, llegó a Italia para asumir la corona imperial, y Castruccio, con el fin de entablar amistad con él, le salió al encuentro al frente de quinientos jinetes. Castruccio había dejado como lugarteniente en Lucca a Pagolo Guinigi, a quien se tenía en gran estima, por el amor del pueblo a la memoria de su padre. Castruccio fue recibido con gran honor por

Federico, y se le confirieron muchos privilegios, y fue nombrado lugarteniente del emperador en Toscana. En esta época los pisanos temían mucho a Gaddo della Gherardesca, a quien habían expulsado de Pisa, y recurrieron a Federico para que les ayudara. Federico creó a Castruccio como señor de Pisa, y los pisanos, temerosos del partido güelfo, y en particular de los florentinos, se vieron obligados a aceptarlo como su señor.

Federico, tras nombrar un gobernador en Roma para que vigilara sus asuntos italianos, regresó a Alemania. Todos los gibelinos toscanos y lombardos, que siguieron el ejemplo imperial, recurrieron a Castruccio en busca de ayuda y consejo, y todos le prometieron la gobernación de su país, si lograban recuperarlo con su ayuda. Entre estos exiliados estaban Matteo Guidi, Nardo Scolari, Lapo Uberti, Gerozzo Nardi y Piero Buonaccorsi, todos ellos florentinos y gibelinos exiliados. Castruccio tenía la secreta intención de convertirse en el amo de toda la Toscana con la ayuda de estos hombres y de sus propias fuerzas; y para ganar mayor peso en los asuntos, entabló una liga con Messer Matteo Visconti, el príncipe de Milán, y organizó para él las fuerzas de su ciudad y de los distritos del campo. Como Lucca tenía cinco puertas, dividió sus propios distritos campestres en cinco partes, a las que abasteció de armas, y alistó a los hombres bajo capitanes y alféreces, de modo que pudo llevar rápidamente al campo de batalla veinte mil soldados, sin contar con los que pudo convocar en su ayuda desde Pisa. Mientras se rodeaba de estas fuerzas y aliados, sucedió que Messer Matteo Visconti fue atacado por los güelfos de Piacenza, que habían expulsado a los gibelinos con la ayuda de un ejército florentino y del rey Ruberto. Messer Matteo pidió a Castruccio que invadiera a los florentinos en sus propios territorios para que, al ser atacados en casa, se vieran obligados a sacar su ejército de Lombardía para defenderse. Castruccio invadió el Valdarno y se apoderó de Fucecchio y San Miniato, infligiendo un inmenso daño al país. Entonces los florentinos retiraron su ejército, que apenas había llegado a Toscana, cuando Castruccio se vio obligado por otras necesidades a regresar a Lucca.

Allí residía en la ciudad de Lucca la familia Poggio, que era tan poderosa que no sólo podía elevar a Castruccio, sino incluso ascenderlo a la dignidad de príncipe; y como les parecía que no habían recibido la recompensa que merecían por sus servicios, incitaron a otras familias a rebelarse y a expulsar a Castruccio de Lucca. Encontraron su oportunidad una mañana, y armándose, atacaron al lugarteniente que Castruccio había dejado para mantener el orden y lo mataron. Intentaron levantar al pueblo en revuelta, pero Stefano di Poggio, un anciano pacífico que no había tomado parte en la rebelión, intervino y les obligó con su autoridad a deponer las armas; y se ofreció a ser su mediador con Castruccio para obtener de él lo que deseaban. Por lo tanto, depusieron las armas sin mayor inteligencia que la que habían tomado. Castruccio, tras conocer la noticia de lo ocurrido en Lucca, puso inmediatamente a Pagolo Guinigi al mando del ejército, y con una tropa de caballería partió hacia su casa. Al contrario de lo que esperaba, encontró que la rebelión había terminado, pero colocó a sus hombres en los lugares más ventajosos de la ciudad. Como a Stefano le pareció que Castruccio debía estar muy agradecido con él, lo buscó, y sin decir nada en su nombre, pues no reconocía ninguna necesidad de hacerlo, le rogó a Castruccio que perdonara a los demás miembros de su familia en razón de su juventud, sus antiguas amistades y las obligaciones que Castruccio tenía con su casa. A esto Castruccio respondió amablemente, y rogó a Stefano que se tranquilizara, declarando que le daba más placer encontrar el tumulto al final que lo que le había causado la ansiedad de su inicio. Animó a Stefano a traer a su familia, diciendo que daba gracias a Dios por haberle dado la oportunidad de mostrar su clemencia y liberalidad. A la palabra de Stefano y Castruccio se rindieron, y con Stefano fueron inmediatamente arrojados a la cárcel y condenados a muerte. Mientras tanto, los florentinos habían recuperado San Miniato, por lo que a Castruccio le pareció conveniente hacer las paces, ya que no le parecía que estuviera lo suficientemente seguro en Lucca como para abandonarlo. Se dirigió a los florentinos con la propuesta de una tregua, que aceptaron de buen grado, pues estaban cansados de la guerra y deseaban librarse de los gastos de la misma. Se concluyó con ellos un tratado por dos años, por el que ambas partes se comprometían a mantener las conquistas que habían realizado. Castruccio, liberado así de este problema, volvió su atención a los asuntos de Lucca, y para no volver a estar sujeto a los peligros de los que acababa de escapar, bajo varios pretextos y razones, primero acabó con todos los que por su ambición podían aspirar al principado; no perdonando a uno de ellos, sino privándoles del país y de la propiedad, y a los que tenía en sus manos también de la vida, afirmando que había comprobado por experiencia que ninguno de ellos era de fiar. Luego, para su mayor seguridad, levantó una fortaleza en Lucca con las piedras de las torres de los que había matado o cazado fuera del estado.

Mientras Castruccio hacía la paz con los florentinos y reforzaba su posición en Lucca, no descuidaba ninguna oportunidad, a falta de una guerra abierta, de aumentar su importancia en otros lugares. Le parecía que si conseguía la posesión de Pistoia, tendría un pie en Florencia, que era su gran deseo. Por lo tanto, de varias maneras se hizo amigo de los montañeses, y trabajó los asuntos de tal manera en Pistoia que ambas partes le confiaron sus secretos. Pistoia estaba dividida, como siempre lo había estado, en los partidos Bianchi y Neri; el jefe de los Bianchi era Bastiano di Possente, y de los Neri, Jacopo da Gia. Cada uno de estos hombres mantenía comunicaciones secretas con Castruccio, y cada uno deseaba expulsar al otro de la ciudad; y, tras muchas amenazas, llegaron a las manos. Jacopo se fortificó en la puerta florentina, Bastiano en la del lado lucchés de la ciudad; ambos confiaban más en Castruccio que en los florentinos, porque creían que Castruccio estaba mucho más preparado y dispuesto a luchar que los florentinos, y ambos le enviaron a pedir ayuda. Les hizo promesas a ambos, diciendo a

Bastiano que vendría en persona, y a Jacopo que enviaría a su pupilo, Pagolo Guinigi. A la hora señalada, envió a Pagolo por Pisa, y se dirigió él mismo directamente a Pistoia; a medianoche ambos se encontraron fuera de la ciudad, y ambos fueron admitidos como amigos. Así entraron los dos líderes, y a una señal dada por Castruccio, uno mató a Jacopo da Gia, y el otro a Bastiano di Possente, y ambos tomaron prisioneros o mataron a los partisanos de cada facción. Sin más oposición, Pistoia pasó a manos de Castruccio, quien, tras obligar a la Signoria a abandonar el palacio, obligó al pueblo a rendirle obediencia, haciéndole muchas promesas y condonando sus antiguas deudas. El campo acudió a la ciudad para ver al nuevo príncipe, y todos se llenaron de esperanza y se instalaron rápidamente, influidos en gran medida por su gran valor.

Por esta época surgieron grandes disturbios en Roma, debido a la carestía de la vida que provocaba la ausencia del pontífice en Aviñón. El gobernador alemán, Enrico, fue muy culpado por lo sucedido: los asesinatos y los tumultos se sucedían diariamente, sin que él pudiera ponerles fin. Esto causó a Enrico mucha ansiedad por si los romanos llamaban a Ruberto, el rey de Nápoles, que expulsaría a los alemanes de la ciudad, y traería de vuelta al Papa. No teniendo ningún amigo más cercano al que pudiera solicitar ayuda que Castruccio, le envió, rogándole no sólo que le prestara ayuda, sino que viniera en persona a Roma. Castruccio consideró que no debía dudar en prestar al emperador este servicio, porque creía que él mismo no estaría a salvo si en algún momento el emperador dejaba de tener Roma. Dejando a Pagolo Guinigi al mando en Lucca, Castruccio partió hacia Roma con seiscientos jinetes, donde fue recibido por Enrico con la mayor distinción. En poco tiempo, la presencia de Castruccio obtuvo tal respeto por parte del emperador que, sin derramamiento de sangre ni violencia, se restableció el buen orden, sobre todo porque Castruccio envió por mar desde el país que rodea Pisa grandes cantidades de maíz, eliminando así la fuente de los problemas. Cuando hubo castigado a algunos de los líderes romanos y amonestado a otros, se rindió obediencia voluntaria a Enrico. Castruccio recibió muchos honores, y fue nombrado senador romano. Esta dignidad fue asumida con la mayor pompa, vistiendo a Castruccio con una toga brocada, que llevaba bordadas en su frente las siguientes palabras "Soy lo que Dios quiere". Mientras que en la parte posterior estaba: "Lo que Dios desea será".

Durante este tiempo, los florentinos, muy enfurecidos por el hecho de que Castruccio se hubiera apoderado de Pistoia durante la tregua, consideraron cómo podrían tentar a la ciudad para que se rebelara, cosa que pensaron que no sería difícil en su ausencia. Entre los pistoianos exiliados en Florencia se encontraban Baldo Cecchi y Jacopo Baldini, ambos hombres de liderazgo y dispuestos a afrontar el peligro. Estos hombres mantuvieron la comunicación con sus amigos de Pistoia y, con la ayuda de los florentinos, entraron en la ciudad de noche y, tras expulsar a algunos funcionarios y partidarios de Castruccio y matar a otros, devolvieron la libertad a la ciudad. La noticia de esto enfureció enormemente a Castruccio, y despidiéndose de Enrico, se dirigió a toda prisa a Pistoia. Cuando los florentinos se enteraron de su regreso, sabiendo que no perdería el tiempo, decidieron interceptarlo con sus fuerzas en el Val di Nievole, bajo la creencia de que así cortarían su camino hacia Pistoia. Reuniendo un gran ejército de partidarios de la causa güelfa, los florentinos entraron en los territorios pistoianos. Por otra parte, Castruccio llegó a Montecarlo con su ejército; y habiendo oído dónde se encontraba el de los florentinos, decidió no enfrentarse a él en las llanuras de Pistoia, ni esperarlo en las llanuras de Pescia, sino, en la medida de lo posible, atacarlo audazmente en el paso de Serravalle. Creía que si tenía éxito en este designio, la victoria estaba asegurada, aunque le informaron de que los florentinos contaban con treinta mil hombres, mientras que él sólo tenía doce mil. Aunque confiaba plenamente en sus propias capacidades y en el valor de sus tropas, dudó en atacar a su enemigo en campo abierto para no verse superado en número.

Serravalle es un castillo entre Pescia y Pistoia, situado en una colina que bloquea el Val di Nievole, no en el paso exacto, sino más o menos un tiro de arco más allá; el paso en sí es en algunos lugares estrecho y empinado, mientras que en general asciende suavemente, pero sigue siendo estrecho, especialmente en la cima donde se dividen las aguas, de modo que veinte hombres de lado podrían sostenerlo. El señor de Serravalle era Manfred, un alemán, a quien, antes de que Castruccio se convirtiera en señor de Pistoia, se le había permitido permanecer en posesión del castillo, ya que era común a los luccheses y a los pistoianos, y no había sido reclamado por ninguno de ellos; ninguno deseaba desplazar a Manfred mientras mantuviera su promesa de neutralidad, y no tuviera obligaciones con nadie. Por estas razones, y también porque el castillo estaba bien fortificado, siempre había podido mantener su posición. Fue aquí donde Castruccio había decidido caer sobre su enemigo, ya que aquí sus pocos hombres tendrían la ventaja, y no había temor de que, al ver las grandes masas de la fuerza hostil antes de comprometerse, no pudieran resistir. Tan pronto como surgió este problema con Florencia, Castruccio vio la inmensa ventaja que le daría la posesión de este castillo, y teniendo una íntima amistad con un residente del castillo, gestionó los asuntos de tal manera con él que cuatrocientos de sus hombres fueron admitidos en el castillo la noche anterior al ataque a los florentinos, y el castellano fue ejecutado.

Castruccio, después de haberlo preparado todo, debía ahora animar a los florentinos a persistir en su deseo de llevar la sede de la guerra lejos de Pistoia, al Valle de Nievole, por lo que no movió su ejército de Montecarlo. Así, los florentinos se apresuraron hasta llegar a su campamento bajo Serravalle, con la intención de cruzar la colina a la mañana siguiente. Mientras tanto, Castruccio había tomado el castillo por la noche, también había trasladado su ejército desde Montecarlo, y marchando desde allí a medianoche en absoluto silencio, había llegado al pie de Serravalle: así, él y los florentinos iniciaron la ascensión de la colina a la misma hora de la mañana. Castruccio envió al frente a su infantería por el camino principal, y a una tropa de cuatrocientos jinetes por un camino a la izquierda hacia el castillo. Los florentinos enviaron por delante de su ejército cuatrocientos jinetes que les seguían, sin esperar encontrar a Castruccio en posesión de la colina, ni saber que había tomado el castillo. Así sucedió que los jinetes florentinos que subían a la colina fueron tomados completamente por sorpresa cuando descubrieron la infantería de Castruccio, y tan cerca estaban de ella que apenas tuvieron tiempo de bajarse las viseras. Era un caso de soldados desprevenidos atacados por listos, y fueron asaltados con tal vigor que con dificultad pudieron resistir, aunque algunos pocos lograron pasar. Cuando el ruido de la lucha llegó al campamento florentino de abajo, se llenó de confusión. La caballería y la infantería se mezclaron inextricablemente: los capitanes eran incapaces de hacer avanzar a sus hombres ni hacia atrás ni hacia delante, debido a la estrechez del paso, y en medio de todo este tumulto nadie sabía qué debía hacer o qué podía hacer. En poco tiempo, la caballería que estaba comprometida con la infantería enemiga se dispersó o murió sin haber hecho ninguna defensa efectiva debido a su desafortunada posición, aunque en pura desesperación habían ofrecido una fuerte resistencia. La retirada había sido imposible, con las montañas en ambos flancos, mientras que en el frente estaban sus enemigos y en la retaguardia sus amigos. Cuando Castruccio vio que sus hombres eran incapaces de asestar un golpe decisivo al enemigo y ponerlo en fuga, envió mil soldados de infantería alrededor del castillo, con órdenes de unirse a los cuatrocientos jinetes que había enviado allí previamente, y ordenó a toda la fuerza que cayera sobre el flanco del enemigo. Estas órdenes las cumplieron con tal furia que los florentinos no pudieron sostener el ataque, sino que cedieron y pronto estuvieron en plena retirada, conquistados más por su desafortunada posición que por el valor de su enemigo. Los de la retaguardia se volvieron hacia Pistoia, y se dispersaron por las llanuras, buscando cada hombre sólo su propia seguridad. La derrota fue completa y muy sanguinaria. Muchos capitanes fueron hechos prisioneros, entre los que se encontraban Bandini dei Rossi, Francesco Brunelleschi y Giovanni della Tosa, todos ellos nobles florentinos, con muchos toscanos y napolitanos que lucharon en el bando florentino, habiendo sido enviados por el rey Ruberto para ayudar a los güelfos. En cuanto los pistoianos se enteraron de esta derrota, expulsaron a los amigos de los güelfos y se rindieron ante Castruccio. Éste no se contentó con ocupar Prato y todos los castillos de las llanuras a ambos lados del Arno, sino que marchó con su ejército a la llanura de Peretola, a unas dos millas de Florencia. Aquí permaneció muchos días, repartiendo el botín y celebrando su victoria con fiestas y juegos, celebrando carreras de caballos y carreras a pie para hombres y mujeres. También acuñó medallas en conmemoración de la derrota de los florentinos. Intentó corromper a algunos de los ciudadanos de Florencia, que debían abrir las puertas de la ciudad por la noche; pero la conspiración fue descubierta, y los participantes en ella capturados y decapitados, entre los que se encontraban Tommaso Lupacci y Lambertuccio Frescobaldi. Esta derrota causó una gran ansiedad a los florentinos, y desesperados por preservar su libertad, enviaron enviados al rey Ruberto de Nápoles, ofreciéndole el dominio de su ciudad; y él, sabiendo de la inmensa importancia que tenía para él el mantenimiento de la causa güelfa, lo aceptó. Acordó con los florentinos recibir de ellos un tributo anual de doscientos mil florines, y envió a su hijo Carlo a Florencia con cuatro mil jinetes.

Poco después, los florentinos se vieron aliviados en cierta medida de la presión del ejército de Castruccio, debido a que éste se vio obligado a abandonar sus posiciones ante Florencia y a marchar sobre Pisa, con el fin de reprimir una conspiración que había levantado contra él Benedetto Lanfranchi, uno de los primeros hombres de Pisa, que no podía soportar que su patria estuviera bajo el dominio de los lucchese. Había formado esta conspiración con la intención de tomar la ciudadela, matar a los partisanos de Castruccio y expulsar a la guarnición. Sin embargo, como en una conspiración la escasez de números es esencial para el secreto, para su ejecución no bastan unos pocos, y al buscar más adherentes a su conspiración Lanfranchi se encontró con una persona que reveló el diseño a Castruccio. Esta traición no puede ser pasada por alto sin un severo reproche a Bonifacio Cerchi y Giovanni Guidi, dos exiliados florentinos que estaban sufriendo su destierro en Pisa. Entonces, Castruccio apresó a Benedetto y le dio muerte, y decapitó a muchos otros ciudadanos nobles, y llevó a sus familias al destierro. Ahora le pareció a Castruccio que tanto Pisa como Pistoia estaban completamente desafiadas; empleó mucho pensamiento y energía en asegurar su posición allí, y esto dio a los florentinos la oportunidad de reorganizar su ejército, y de esperar la llegada de Carlo, el hijo del rey de Nápoles. Cuando Carlo llegó decidieron no perder más tiempo, y reunieron un gran ejército de más de treinta mil infantes y diez mil jinetes, habiendo llamado en su ayuda a todos los güelfos que había en Italia. Consultaron si debían atacar primero Pistoia o Pisa, y decidieron que sería mejor marchar sobre esta última, un curso, debido a la reciente conspiración, más probable de tener éxito, y de más ventaja para ellos, porque creían que la rendición de Pistoia seguiría a la adquisición de Pisa.

A principios de mayo de 1328, los florentinos pusieron en marcha este ejército y ocuparon rápidamente Lastra, Signa, Montelupo y Empoli, pasando desde allí a San Miniato. Cuando Castruccio se enteró del enorme ejército que los florentinos enviaban contra él, no se alarmó en absoluto, pues creía que había llegado el momento en que la Fortuna entregaría el imperio de la Toscana en sus manos, ya que no tenía motivos para pensar que su enemigo daría mejor batalla o tendría mejores perspectivas de éxito que en Pisa o Serravalle. Reunió veinte mil soldados de a pie y cuatro mil jinetes, y con este ejército se dirigió a Fucecchio, mientras que envió a Pagolo Guinigi a Pisa con cinco mil infantes. Fucecchio tiene una posición más fuerte que cualquier otra ciudad del distrito de Pisa, debido a su situación entre los ríos Arno y Gusciana y a su ligera elevación sobre la llanura circundante. Además, el enemigo no podría impedir su avituallamiento a menos que dividiera sus fuerzas, ni podría acercarse a ella desde la dirección de Lucca o de Pisa, ni podría pasar a Pisa, ni atacar a las fuerzas de Castruccio si no es en desventaja. En un caso se encontrarían colocados entre sus dos ejércitos, uno bajo su propio mando y el otro bajo el de Pagolo, y en el otro caso tendrían que cruzar el Arno para llegar a cuerpo a cuerpo con el enemigo, una empresa de gran riesgo. Para tentar a los florentinos a tomar este último camino, Castruccio retiró a sus hombres de las orillas del río y los situó bajo las murallas de Fucecchio, dejando una amplia extensión de terreno entre ellos y el río.

Los florentinos, habiendo ocupado San Miniato, celebraron un consejo de guerra para decidir si debían atacar a Pisa o al ejército de Castruccio y, tras sopesar las dificultades de ambos cursos, se decidieron por este último. El río Arno estaba en ese momento lo suficientemente bajo como para ser vadeable, pero el agua llegaba hasta los hombros de los soldados de infantería y hasta las monturas de los jinetes. En la mañana del 10 de junio de 1328, los florentinos iniciaron la batalla ordenando el avance de un número de caballería y diez mil de infantería. Castruccio, cuyo plan de acción estaba fijado, y que sabía bien lo que tenía que hacer, atacó inmediatamente a los florentinos con cinco mil de infantería y tres mil jinetes, sin permitirles salir del río antes de cargar contra ellos; también envió mil infantes ligeros por la orilla del río, y otros tantos por el Arno. La infantería de los florentinos estaba tan impedida por sus armas y por el agua que no pudo subir a la orilla del río, mientras que la caballería había dificultado el paso del río a los demás, debido a que los pocos que habían cruzado habían roto el lecho del río, y éste estaba lleno de barro, muchos de los caballos habían rodado con sus jinetes y muchos de ellos se habían atascado tan rápido que no podían moverse. Cuando los capitanes florentinos vieron las dificultades con las que se encontraban sus hombres, los retiraron y se desplazaron más arriba en el río, esperando encontrar el lecho del río menos traicionero y las orillas más adaptadas para el desembarco. Estos hombres fueron recibidos en la orilla por las fuerzas que Castruccio ya había enviado al frente, quienes, armados de forma ligera, con rodelas y jabalinas en las manos, lanzaron tremendos gritos contra las caras y los cuerpos de la caballería. Los caballos, alarmados por el ruido y las heridas, no quisieron avanzar y se pisotearon unos a otros en una gran confusión. La lucha entre los hombres de Castruccio y los del enemigo que lograron cruzar fue aguda y terrible; ambos bandos lucharon con la máxima desesperación y ninguno quiso ceder. Los soldados de Castruccio luchaban por hacer retroceder a los otros hacia el río, mientras que los florentinos se esforzaban por poner pie en tierra para hacer sitio a los otros que avanzaban, que si pudieran salir del agua podrían luchar, y en este obstinado conflicto eran instados por sus capitanes. Castruccio gritó a sus hombres que se trataba de los mismos enemigos que antes habían vencido en Serravalle, mientras que los florentinos se reprochaban mutuamente que los muchos fueran vencidos por los pocos. Al final, Castruccio, viendo lo mucho que había durado la batalla, y que tanto sus hombres como el enemigo estaban completamente agotados, y que ambos bandos tenían muchos muertos y heridos, hizo avanzar a otro cuerpo de infantería para que tomara una posición en la retaguardia de los que estaban luchando; entonces ordenó a estos últimos que abrieran sus filas como si tuvieran intención de retirarse, y que una parte de ellos girara a la derecha y otra a la izquierda. Esto despejó un espacio que los florentinos aprovecharon de inmediato, y así ganaron la posesión de una parte del campo de batalla. Pero cuando estos cansados soldados se encontraron a bocajarro con las reservas de Castruccio no pudieron hacerles frente y enseguida retrocedieron hacia el río. La caballería de ambos bandos no había obtenido todavía ninguna ventaja decisiva sobre la del otro, porque Castruccio, conociendo su inferioridad en este brazo, había ordenado a sus líderes que se mantuvieran únicamente a la defensiva frente a los ataques de sus adversarios, ya que esperaba que cuando hubiera vencido a la infantería podría hacer un corto trabajo con la caballería. El resultado fue el esperado, pues cuando vio que el ejército florentino retrocedía al otro lado del río, ordenó al resto de su infantería que atacara a la caballería del enemigo. Esto lo hicieron con lanza y jabalina y, unidos a su propia caballería, cayeron sobre el enemigo con la mayor furia y pronto lo pusieron en fuga. Los capitanes florentinos, al ver la dificultad que había encontrado su caballería para cruzar el río, habían intentado hacer cruzar a su infantería más abajo, para atacar los flancos del ejército de Castruccio. Pero aquí, también, las orillas eran escarpadas y ya estaban bordeadas por los hombres de Castruccio, y este movimiento fue bastante inútil. Así, los florentinos fueron tan completamente derrotados en todos los puntos que apenas un tercio de ellos escapó, y Castruccio se cubrió de nuevo de gloria. Muchos capitanes fueron hechos prisioneros, y Carlo, el hijo del rey Ruberto, con Michelagnolo Falconi y Taddeo degli Albizzi, los comisarios florentinos, huyeron a Empoli. Si el botín fue grande, la matanza fue infinitamente mayor, como cabía esperar en una batalla así. De los florentinos cayeron veinte mil doscientos treinta y un hombres, mientras que Castruccio perdió mil quinientos setenta hombres.

Pero la Fortuna, envidiosa de la gloria de Castruccio, le arrebató la vida justo en el momento en que debería haberla conservado, y arruinó así todos los planes que durante tanto tiempo había trabajado para llevar a cabo, y en cuya prosecución exitosa nada más que la muerte podría haberle detenido. Castruccio estuvo en el fragor de la batalla durante todo el día; y cuando llegó el final de la misma, aunque fatigado y acalorado, se quedó en la puerta de Fucecchio para dar la bienvenida a sus hombres a su regreso de la victoria y agradecerles personalmente. También estuvo atento a cualquier intento del enemigo de recuperar la fortuna de la jornada; era de la opinión de que el deber de un buen general era ser el primer hombre en la silla de montar y el último en salir de ella. Aquí Castruccio estuvo expuesto a un viento que a menudo se levanta a mediodía en las orillas del Arno, y que suele ser muy insalubre; de ello tomó un escalofrío, del que no pensó nada, pues estaba acostumbrado a tales molestias; pero fue la causa de su muerte. La noche siguiente le atacó una fiebre alta, que aumentó tan rápidamente que los médicos vieron que debía resultar fatal. Castruccio, por tanto, llamó a Pagolo Guinigi y se dirigió a él de la siguiente manera

"Si hubiera podido creer que la Fortuna me habría cortado en medio de la carrera que me llevaba a la gloria que todos mis éxitos prometían, habría trabajado menos y te habría dejado, si un estado más pequeño, al menos con menos enemigos y peligros, porque me habría contentado con las gobernaciones de Lucca y Pisa. No habría subyugado a los pistoianos, ni ultrajado a los florentinos con tantas heridas. Pero habría hecho de estos dos pueblos mis amigos, y habría vivido, si no más tiempo, al menos más tranquilamente, y os habría dejado un estado sin duda más pequeño, pero más seguro y establecido sobre una base más segura. Pero la Fortuna, que insiste en tener el arbitrio de los asuntos humanos, no me dotó de suficiente juicio para reconocer esto desde el principio, ni del tiempo para superarlo. Has oído, porque muchos te lo han contado, y yo nunca lo he ocultado, cómo entré en la casa de tu padre siendo aún un muchacho -un extraño a todas esas ambiciones que toda alma generosa debe sentir- y cómo fui educado por él, y amado como si hubiera nacido de su sangre; cómo bajo su gobierno aprendí a ser valiente y capaz de aprovechar toda esa fortuna, de la que tú has sido testigo. Cuando tu buen padre llegó a la muerte, te encomendó a ti y a todas sus posesiones a mi cuidado, y te he criado con ese amor, y he aumentado tu patrimonio con ese cuidado, que estaba obligado a mostrar. Y para que no sólo poseas el patrimonio que tu padre dejó, sino también el que mi fortuna y mis habilidades han ganado, nunca me he casado, para que el amor a los hijos nunca desvíe mi mente de la gratitud que debía a los hijos de tu padre. Así pues, te dejo un vasto patrimonio, del que estoy bien satisfecho, pero me preocupa profundamente, ya que te lo dejo despojado e inseguro. Tienes en tus manos la ciudad de Lucca, que nunca estará contenta bajo tu gobierno. También tienes a Pisa, donde los hombres son por naturaleza cambiantes y poco fiables, que, aunque a veces estén sometidos, siempre desdeñarán servir bajo un lucchés. Pistoia también te es desleal, pues está carcomida por las facciones y profundamente indignada contra tu familia a causa de los agravios que se les han infligido recientemente. Tienes por vecinos a los ofendidos florentinos, perjudicados por nosotros de mil maneras, pero no destruidos del todo, que aclamarán la noticia de mi muerte con más deleite que el que tendrían por la adquisición de toda la Toscana. En el emperador y en los príncipes de Milán no puedes confiar, pues están lejos, son lentos y su ayuda tarda mucho en llegar. Por lo tanto, no tienes ninguna esperanza en nada más que en tus propias habilidades, y en el recuerdo de mi valor, y en el prestigio que esta última victoria te ha aportado; lo cual, como sabes utilizarlo con prudencia, te ayudará a llegar a un acuerdo con los florentinos, que, como están sufriendo bajo esta gran derrota, deberían estar inclinados a escucharte. Y mientras que yo he tratado de convertirlos en mis enemigos, porque creía que la guerra con ellos conduciría a mi poder y gloria, tú tienes todos los alicientes para hacerte amigo de ellos, porque su alianza te aportará ventajas y seguridad. Es de la mayor importancia en este mundo que un hombre se conozca a sí mismo, y la medida de sus propias fuerzas y medios; y el que sabe que no tiene genio para la lucha debe aprender a gobernar con las artes de la paz. Y será bueno que rijas tu conducta por mis consejos, y que aprendas así a disfrutar de lo que mi trabajo de vida y mis peligros han ganado; y en esto tendrás éxito fácilmente cuando hayas aprendido a creer que lo que te he dicho es verdad. Y estarás doblemente en deuda conmigo, ya que te he dejado este reino y te he enseñado a conservarlo".

Después de esto, acudieron a Castruccio los ciudadanos de Pisa, Pistoia y Lucca que habían luchado a su lado, y mientras les recomendaba a Pagolo y les hacía jurar obediencia como su sucesor, murió. Dejó un feliz recuerdo a quienes le habían conocido, y ningún príncipe de aquellos tiempos fue jamás amado con tanta devoción como él. Sus exequias se celebraron con todos los signos de luto, y fue enterrado en San Francesco en Lucca. La fortuna no fue tan amistosa con Pagolo Guinigi como lo había sido con Castruccio, pues éste no tenía las mismas capacidades. Poco después de la muerte de Castruccio, Pagolo perdió Pisa, y luego Pistoia, y sólo con dificultad se aferró a Lucca. Esta última ciudad continuó en la familia de Guinigi hasta la época del bisnieto de Pagolo.

Por lo que se ha relatado aquí se verá que Castruccio era un hombre de capacidades excepcionales, no sólo medido por los hombres de su época, sino también por los de una fecha anterior. En estatura estaba por encima de la ordinaria, y perfectamente proporcionado. Tenía una presencia graciosa, y recibía a los hombres con tal urbanidad que los que hablaban con él rara vez se iban disgustados. Su pelo era inclinado al rojo, y lo llevaba cortado por encima de las orejas, y, tanto si llovía como si nevaba, siempre iba sin sombrero. Era encantador entre los amigos, pero terrible con sus enemigos; justo con sus súbditos; dispuesto a jugar a la falsa con los infieles, y a vencer mediante el fraude a aquellos a los que deseaba someter, porque solía decir que lo que daba gloria era la victoria, no los métodos para conseguirla. Nadie fue más audaz a la hora de enfrentarse al peligro, ni más prudente a la hora de salir adelante. Acostumbraba a decir que los hombres deben intentarlo todo y no temer nada; que Dios es amante de los hombres fuertes, porque siempre se ve que los débiles son castigados por los fuertes. También era maravillosamente cortante o mordaz aunque cortés en sus respuestas; y como no buscaba ninguna indulgencia en esta forma de hablar por parte de los demás, tampoco se enfadaba con que los demás no se la mostraran. A menudo ha sucedido que ha escuchado tranquilamente cuando otros le han hablado con dureza, como en las siguientes ocasiones. Había hecho que se diera un ducado por una perdiz, y un amigo le echó en cara que lo hiciera, y Castruccio le dijo: "No habrías dado más que un penique". "Es cierto", respondió el amigo. Entonces le dijo Castruccio "Un ducado es mucho menos para mí". Teniendo a su alrededor a un adulador al que había escupido para demostrar que lo despreciaba, el adulador le dijo "Los pescadores están dispuestos a dejarse saturar por las aguas del mar para poder coger unos cuantos pececillos, y yo me dejo mojar por los escupitajos para poder pescar una ballena"; y esto no sólo lo escuchó Castruccio con paciencia sino que lo recompensó. Cuando un sacerdote le dijo que era un vicio que viviera tan suntuosamente, Castruccio dijo: "Si eso es un vicio, entonces no deberíais ir tan espléndidamente a las fiestas de nuestros santos". Al pasar por una calle, vio a un joven que salía de una casa de mala fama sonrojarse al ser visto por Castruccio, y le dijo "No deberías avergonzarte cuando sales, sino cuando entras en esos lugares". Un amigo le dio un nudo muy curioso para que lo deshiciera y le dijo "Tonto, ¿crees que deseo desatar una cosa que me costó tanto trabajo atar?". Castruccio dijo a uno que profesaba ser filósofo: "Sois como los perros que siempre corren detrás de los que les dan lo mejor para comer", y se le contestó: "Somos más bien como los médicos que van a las casas de los que más los necesitan". Yendo por agua de Pisa a Leghorn, Castruccio se vio muy perturbado por una peligrosa tormenta que se levantó, y fue reprochado de cobardía por uno de los que estaban con él, que dijo que no temía nada. Castruccio respondió que no se extrañaba de ello, ya que cada hombre valoraba su alma por lo que valía. Al ser preguntado por uno de ellos qué debía hacer para ganar estimación, dijo "Cuando vayas a un banquete ten cuidado de no sentar un trozo de madera sobre otro". A una persona que se jactaba de haber leído muchas cosas, Castruccio le dijo: "Sabe mejor que presumir de recordar muchas cosas". Alguien se jactó de que podía beber mucho sin embriagarse. Castruccio respondió: "Un buey hace lo mismo".

Castruccio conoció a una muchacha con la que tuvo relaciones íntimas, y al ser reprochado por un amigo que le dijo que era indigno que se dejara embaucar por una mujer, dijo: "Ella no me ha acogido, yo la he acogido a ella". Al ser culpado también por comer alimentos muy delicados, respondió: "¿No gastas tanto como yo?" y al decírsele que era cierto, continuó: "Entonces eres más avaricioso que yo glotón". Siendo invitado por Taddeo Bernardi, un ciudadano muy rico y espléndido de Luca, a cenar, fue a la casa y Taddeo le hizo pasar a una cámara colgada de seda y pavimentada con finas piedras que representaban flores y follaje del más bello colorido. Castruccio recogió un poco de saliva en su boca y la escupió sobre Taddeo, y viéndolo muy turbado por esto, le dijo "No sabía dónde escupir para ofenderte menos". Al ser preguntado por cómo murió César, dijo "Si Dios quiere moriré como él". Estando una noche en la casa de uno de sus caballeros donde se encontraban reunidas muchas damas, fue reprendido por uno de sus amigos por bailar y divertirse con ellas más de lo que era habitual en alguien de su posición, por lo que dijo "Quien es considerado sabio de día no será considerado tonto de noche". Una persona vino a exigir un favor a Castruccio, y creyendo que no escuchaba su alegato se arrojó de rodillas al suelo, y siendo reprendido duramente por Castruccio, dijo "Tú eres la razón de que actúe así, pues tienes las orejas en los pies", con lo que obtuvo el doble de favor que había pedido. Castruccio solía decir que el camino al infierno era fácil, ya que era en dirección descendente y se viajaba con los ojos vendados. Al pedirle un favor uno que utilizaba muchas palabras superfluas, le dijo "Cuando tengas otra petición que hacer, envía a otra persona a hacerla". Habiendo sido fatigado por un hombre similar con una larga oratoria que terminó diciendo: "Tal vez te he fatigado al hablar tanto tiempo", dijo Castruccio: "No lo has hecho, porque no he escuchado ni una palabra de lo que has dicho". Solía decir de uno que había sido un hermoso niño y que después se convirtió en un buen hombre, que era peligroso, porque primero arrebataba los maridos a las esposas y ahora arrebataba las esposas a sus maridos. A un envidioso que se reía, le dijo: "¿Te ríes porque tienes éxito o porque otro es desafortunado?" Cuando todavía estaba a cargo de Messer Francesco Guinigi, uno de sus compañeros le dijo "¿Qué te doy si me dejas darte un golpe en la nariz?" Castruccio respondió: "Un casco". Después de haber dado muerte a un ciudadano de Lucca que había contribuido a elevarlo al poder, y cuando le dijeron que había hecho mal en matar a uno de sus antiguos amigos, respondió que la gente se engañaba a sí misma; sólo había matado a un nuevo enemigo. Castruccio elogió mucho a los hombres que tenían la intención de tomar una esposa y luego no lo hacían, diciendo que eran como los hombres que decían que se harían a la mar y luego se negaban cuando llegaba el momento. Decía que siempre le sorprendía que mientras los hombres, al comprar un jarrón de barro o de cristal, lo sondeaban primero para saber si era bueno, sin embargo, al elegir una esposa se conformaban con mirarla. Una vez le preguntaron de qué manera desearía ser enterrado cuando muriera, y respondió "Con la cara vuelta hacia abajo, porque sé que cuando me vaya este país estará patas arriba". Al preguntarle si alguna vez se le había ocurrido hacerse fraile para salvar su alma, respondió que no, porque le parecía extraño que Fray Lazerone fuera al Paraíso y Uguccione della Faggiuola al Infierno. Una vez le preguntaron cuándo debía comer un hombre para conservar su salud, y respondió "Si el hombre es rico, que coma cuando tenga hambre; si es pobre, entonces cuando pueda". Al ver que uno de sus caballeros hacía que un miembro de su familia le diera la puntilla, le dijo "Ruego a Dios que le deje alimentarse a usted también". Al ver que alguien había escrito en su casa en latín las palabras "Que Dios preserve esta casa de los malvados", dijo: "El dueño no debe entrar nunca". Pasando por una de las calles vio una pequeña casa con una puerta muy grande, y comentó: "Esa casa saldrá volando por la puerta". Estaba discutiendo con el embajador del rey de Nápoles sobre la propiedad de unos nobles desterrados, cuando surgió una disputa entre ellos, y el embajador le preguntó si no tenía miedo del rey. "¿Este rey suyo es un hombre malo o bueno?", preguntó Castruccio, y se le dijo que era bueno, a lo que él respondió: "¿Por qué sugiere que debo tener miedo de un hombre bueno?".

Podría contar muchas otras anécdotas de sus dichos tanto ingeniosos como de peso, pero creo que lo anterior será testimonio suficiente de sus altas cualidades. Vivió cuarenta y cuatro años, y fue en todos los sentidos un príncipe. Y así como estaba rodeado de muchas evidencias de su buena fortuna, también deseaba tener cerca algunos recuerdos de su mala fortuna; por ello, los grilletes con los que estuvo encadenado en prisión se pueden ver hasta hoy fijados en la torre de su residencia, donde fueron colocados por él para dar testimonio para siempre de sus días de adversidad. Como en su vida no fue inferior a Filipo de Macedonia, el padre de Alejandro, ni a Escipión de Roma, murió en el mismo año de su edad que ellos, y sin duda habría superado a ambos si la Fortuna hubiera decretado que naciera, no en Lucca, sino en Macedonia o en Roma.

Frases Importantes de "El Príncipe"

«Todos ven lo que aparentas ser, pocos conocen lo que realmente eres.»

«Si hay que hacer un daño a un hombre, debe ser tan grave que no haya que temer su venganza.»

«El león no puede protegerse de las trampas y el zorro no puede defenderse de los lobos. Por lo tanto, hay que ser un zorro para reconocer las trampas y un león para asustar a los lobos.»

«El primer método para estimar la inteligencia de un gobernante es observar a los hombres que tiene a su alrededor.»

«No hay otra manera de protegerse contra la adulación que haciendo entender a los hombres que decirle la verdad no le ofenderá.»

«Nunca intente ganar por la fuerza lo que se puede ganar con el engaño.»

«Es mucho más seguro ser temido que amado porque ...el amor se preserva por el vínculo de la obligación que, debido a la bajeza de los hombres, se rompe en cada oportunidad para su beneficio; pero el miedo te preserva por un temor al castigo que nunca falla.»

«Porque hay tres clases de intelectos: uno que comprende por sí mismo; otro que aprecia lo que otros comprenden; y un tercero que ni comprende por sí mismo ni por la demostración de otros; el primero es el más excelente, el segundo es bueno, el tercero es inútil.»

«La forma en que vivimos es tan diferente de la forma en que deberíamos vivir, que quien estudia lo que debería hacerse en lugar de lo que se hace, aprenderá el camino hacia su perdición en lugar de hacia su preservación.»

«El que busca engañar siempre encontrará a alguien que se deje engañar.»

«Los hombres, en general, juzgan más por el sentido de la vista que por el del tacto, porque todo el mundo puede ver pero pocos pueden probar por el sentimiento. Todos ven lo que usted parece ser, pocos saben lo que realmente es; y esos pocos no se atreven a tomar una posición en contra de la opinión general.»

«Dado que el amor y el miedo difícilmente pueden existir juntos, si debemos elegir entre ellos, es mucho más seguro ser temido que amado.»

«La multitud vulgar siempre se deja llevar por las apariencias, y el mundo está formado principalmente por ellos.»

«El que quiere ser obedecido debe saber mandar.»

«Un hombre que está acostumbrado a actuar de una manera nunca cambia; debe llegar a la ruina cuando los tiempos, al cambiar, ya no están en armonía con sus maneras.»

«Un hombre prudente debe seguir siempre el camino recorrido por los grandes hombres e imitar a los más excelentes, de modo que si no alcanza su grandeza, en todo caso obtendrá algún matiz de ella.»

«De la humanidad podemos decir que, en general, es voluble, hipócrita y ávida de ganancias.»

«Cualquier hombre que intente ser bueno todo el tiempo está destinado a arruinarse entre el gran número de los que no son buenos. Por lo tanto, un príncipe que quiera mantener su autoridad debe aprender a no ser bueno, y utilizar ese conocimiento, o abstenerse de utilizarlo, según lo requiera la necesidad.»

«La sabiduría consiste en saber distinguir la naturaleza de los problemas y en elegir el mal menor.»

«Hay que considerar que no hay nada más difícil de realizar, ni más dudoso de éxito, ni más peligroso de manejar, que iniciar un nuevo orden de cosas.»

www.ingramcontent.com/pod-product-compliance
Lightning Source LLC
Chambersburg PA
CBHW051304250726
48656CB00004B/1476